W0081363

EL PODER DE LA
ORACIÓN COMÚN

EL PODER DE LA
ORACIÓN COMÚN

MICHAEL W. SMITH
CON TOM WILLIAMS

WORTHY®
Latino

Copyright © 2014 por Michael W. Smith

Publicado por Worthy Publishing, una división de Worthy Media, Inc., Brentwood, Tennessee 37027.

WorthyLatino.com

AYUDANDO A CONOCER EL CORAZÓN DE DIOS

Este titulo esta disponible en formato electrónico.

———————————————————————————

Edición en ingles - Biblioteca del Congreso Número de control: 2013939292

———————————————————————————

Todos los derechos reservados. Ninguna parte de este libro puede ser reproducida o transmitida de ninguna manera o por ningún medio, electrónico o mecánico —fotocopiado, grabado, o por ningún sistema de almacenamiento y recuperación (o reproducción) de información— excepto breves citas en reseñas impresas, sin permiso por escrito de la casa editorial.

A menos que se indique lo contrario, todas las citas de la Escritura han sido tomadas de la *Santa Biblia, Versión Reina-Valera 1960*, rvr, © 1960 por las Sociedades Bíblicas en América Latina; © renovado 1988 por las Sociedades Bíblicas Unidas. Usadas con permiso.

Las citas de la Escritura marcadas (nvi) son tomadas de la *Santa Biblia, Nueva Versión Internacional*®, nvi®, © 1999 por la Sociedad Bíblica Internacional. Usadas con permiso. Reservados todos los derechos.

Este material fue adaptado de *A Simple Blessing* por Michael W. Smith

Publicado en asociación con Chaz Corzine y Greg Ham, The MWS Group, Franklin, Tennessee.

ISBN: 978-1-61795-446-7

Diseño de portada: Koechel Peterson and Associates

Diseño de interior: ThinkpenDesign.com

Edición en español por BookCoachLatino.com

14 15 16 17 18   VPI   8 7 6 5 4 3 2 1

DEDICATORIA

Entre las muchas bendiciones de mi vida se cuenta la abuela de Debbie, Kate Washburn, a quien los niños llamaban Nanny y que para mí era «Kate querida». Jamás me sentí como un nieto político porque me dio la bienvenida a la familia como si fuera nieto suyo, desde el principio. De sus noventa y seis años tuve el privilegio de conocerla durante más de treinta y nueve. Fueron años que ella llenó con amor por la familia, compasión por los demás y compromiso con el Señor. Eran legendarias sus bromas breves, de una única frase. No había nadie que estuviese con Kate y desconociera su sentido del humor. Por eso, con todo mi amor, le dedico este libro a Nanny. Y espero con gusto el momento en que pueda disfrutar de la enorme bendición de estar junto a ella una vez más, ¡para siempre!

ÍNDICE

BENDECIDOS PARA BENDECIR

*H*e sido bendecido toda mi vida. No hablo solo de la abundancia de todo lo que Dios me dio, aunque son bendiciones singulares y tantas que no puedo contarlas siquiera. Me refiero a que me han bendecido toda mi vida, de manera verbal, con palabras. Que, de hecho, siempre ha habido personas de Dios que pronunciaron palabras de bendición sobre mí. Hasta donde llega mi memoria, mi papá y mi mamá me bendecían. No solo porque eran padres maravillosos, amorosos, que me apoyaban; aunque eso ya es suficiente bendición. Es que me bendecían con palabras. Con aliento. Con reafirmación positiva. No tengo cómo calcular todo el bien que me hizo eso que ellos hacían mientras crecía. Sin duda alguna, hoy soy el hombre que soy gracias a mi mamá y a mi papá.

Tiempo después Don Finto fue mi mentor. Era el pastor de la Iglesia Belmont, de Nashville, y lo respetaba muchísimo. También él a menudo pronunciaba una bendición sobre mí, lo que sigue haciendo hoy.

Esas bendiciones en voz alta han sido una parte tan importante de mi vida que supongo que era natural que yo también pronunciara palabras de bendición para los demás. Y sigo haciéndolo. Por ejemplo, si un miembro de mi banda dejaba el ensayo porque salía de viaje, yo le despedía con una bendición.

No hace mucho, la idea de orar bendiciendo a los demás ha cobrado más importancia para mí. Y quiero decirte por qué.

Solo para que no me malentiendas, quiero poner énfasis en este momento en que no hay nada «mágico» en la oración de bendición. En efecto, es algo bastante común y corriente. No se trata de una fórmula que te garantice cantidad de bendiciones materiales; ni siquiera sirve de garantía para una vida cristiana libre de problemas. No es un encantamiento ni la revelación de algún misterioso pasaje del Antiguo Testamento que místicamente transformará tu vida. No es algo que puedas usar con el fin de manipular a Dios para que tenga que darte lo que quieras. Dios no responde a palabras ni a fórmulas. Responde a lo que hay en el corazón. No hay forma en que podamos usar la oración o la promesa de bendición de Dios para conseguir lo que hoy conocemos como «la buena vida». Las verdaderas bendiciones de Dios no son de ese tipo. Son mejores.

A pesar de ello estoy convencido de que en este libro vas a encontrar principios vitales simples y bíblicos que puedes usar para que tu vida espiritual sea hermosa, mucho más grande y superior a todo lo que el mundo ofrece. Son principios que te llevan a encontrar el verdadero gozo que Dios anhela para cada uno de nosotros. Esa es la bendición que en oración espero que halles cuando leas esta obra.

El libro va desgranando la oración que yo oro en seis bendiciones específicas, que forman parte de su contenido. Cada capítulo empieza con una cita que contiene el segmento de bendición al que se refiere. Luego explica el valor de la bendición y te brinda una guía práctica en cuanto a cómo ser receptivo a la bendición y disfrutar de sus beneficios.

Quiero recordarte ahora que vas a leer este libro, que eres hijo o hija del Rey. No de un rey, sino del Rey, el Rey del universo. Y puesto que eres su hijo o hija, eres heredero o heredera de todo lo que él tiene. Temo que, como sucedió con el hijo pródigo de la parábola de Jesús, nos perdamos esta enorme bendición que nos espera, reservada para nosotros. Porque podemos perderla si vamos tras la gratificación inmediata de la riqueza, del placer, de la comodidad y el entretenimiento que nos ofrece la cultura del mundo que nos rodea. Es la tragedia que mucho me temo les sucede hoy a tantos cristianos. Pero es una tragedia que podemos eludir si entendemos cuál es la verdadera naturaleza de las reales bendiciones de Dios.

Estoy convencido de que si te humillas ante nuestro Padre, te sometes a él, a su voluntad para tu vida y oras con sinceridad pidiendo que te bendiga, recibirás una bendición tan extraordinaria que excederá a cualquier cosa que pudieras imaginar.

Esta es mi oración. La oración que pide para tu vida la bendición que puedas hallar en este libro.

En el nombre de Jesucristo,
te bendigo con las promesas de Dios,
que son «Sí» y «Amén».

Que el Espíritu Santo te dé salud,
y fuerza corporal, mental y espiritual
para que te muevas en la fe, esperando.
que los ángeles de Dios estén contigo
para protegerte y guardarte.

Que tengas la bendición de la fuerza sobrenatural
para apartar tus ojos de
las cosas necias, sin valor, malas,
para que cierres la puerta a lo que rebaja,
a lo negativo.

Que puedas, en cambio, admirar la belleza
de las cosas que Dios ha planeado
para ti, cuando obedeces su Palabra.
Que Dios bendiga tus oídos
para que oigas lo que edifica y alienta.
Que tu mente sea fuerte, disciplinada,
equilibrada, llena de fe.

Que tus pies anden en santidad
y el Señor ordene tus pasos.
Que tus manos sean tiernas, dispuestas a
ayudar y bendecir a quienes lo necesiten.
Que tu corazón sea humilde
y receptivo ante los demás,
y a las cosas de Dios, no a las del mundo.

Que la gracia de Dios esté sobre tu hogar,
para que sea santuario de reposo y renovación,
un refugio de paz donde el sonido del gozo
y la risa adornen por gracia sus muros,

donde el amor y la aceptación incondicional
entre los de tu familia sean la regla constante.

Que Dios te dé la fuerza espiritual que
vence al maligno y evita la tentación.
Que la gracia de Dios esté sobre ti
para que se cumplan tus sueños y tus visiones.
Que la bondad y la misericordia
te sigan, todos los días de tu larga vida.

CAPÍTULO 1

ORACIÓN POR... LAS PROMESAS DE DIOS

En el nombre de Jesucristo te bendigo con las

promesas de Dios, que son «Sí» y «Amén».

Porque todas las promesas de Dios son en él Sí, y en él

Amén, por medio de nosotros para la gloria de Dios.

—2 Corintios 1.20, RVR60

*H*ay creyentes que no aprovechan las promesas de Dios porque malinterpretan a qué se refieren sus bendiciones verdaderas. No se sienten bendecidos porque lo que buscan es un jardín de rosas sin espinas, lleno de capullos y con todo lo que pueda darles una vida cómoda, próspera, sin dolor.

Quiero repetir aquí lo que dije en la introducción. La oración que yo oro no va a traerte ese tipo de bendición. No hay nada mágico en esta oración. No es una fórmula que pueda asegurarte una vida abundante, ni un encantamiento que intente manipular a Dios para que te dé lo que quieras. De hecho, es una oración bastante común pero con un poder extraordinario para que las bendiciones de Dios desciendan sobre tu vida.

Dios nunca nos prometió un jardín de rosas. Al menos, no en esta vida. Es cierto que nos dio un jardín perfecto, mejor dicho, se lo dio a nuestros abuelos lejanos Adán y Eva. Pero lo arruinamos. Y ahora tenemos que vivir en ese lío. A pesar de ello, Dios promete que si nos conducimos a su manera y —por su gracia— contendemos con las malezas y las espinas, el óxido y la podredumbre, él nos bendecirá. No necesariamente será porque nos quite de encima todos los problemas, sino porque nos dará forma y nos moldeará a su imagen cuando atravesemos por ellos. Incluso cuando andemos por los lugares más difíciles de la vida tendremos la seguridad de que Dios al fin nos llevará a ese jardín nuevo y perfecto al que anhelamos ir cuando termine nuestro ciclo aquí. Jesús mismo lo prometió: «Voy, pues, a preparar lugar para vosotros. Y si me fuere y os preparare lugar, vendré otra vez, y os tomaré a mí mismo, para que donde yo estoy, vosotros también estéis» (Juan 14.2-3, RVR60).

Esta promesa de la perfección en el futuro no significa que Dios no tenga bendiciones para nosotros aquí y ahora. ¡En absoluto! Dios, en efecto, promete que si sostenemos su verdad y andamos en sus caminos nos dará no solo ese nuevo jardín en el futuro sino también verdadero gozo en esta vida ahora, ya (Juan 10.10). Sin embargo, lo que tenemos que aprender es que el gozo no depende de que consigamos todo lo que deseemos. Es decir, no todos esos deseos que nos infectan con el virus de la cultura del «yo» en la que vivimos hoy.

El verdadero gozo llega cuando se cumple el deseo correcto, el anhelo que nos viene de Dios, de una vida guiada por el Espíritu que satisface, no nuestros deseos materiales sino nuestra más profunda necesidad. Esa más profunda necesidad es estar en una relación cercana con nuestro Creador. Es ese el origen de la verdadera bendición. El único origen.

Si mi oración común y corriente despierta a alguien para que vea ese verdadero origen de las bendiciones reales y extraordinarias, para mí eso será una profunda gratificación. Espero que una vez despiertas, esas personas no vuelvan a dormirse sino que den pasos positivos que les lleven a cambiar el ángulo de su viaje de fe. Que dejen de buscar un estilo de vida orientado al propio ser. Que ya no tengan egoísmo. Que se ocupen de las necesidades ajenas.

Abrigo la esperanza de que mi oración de bendición les inspire a orar una bendición similar sobre otras personas.

SEAMOS INSTRUMENTOS DE BENDICIÓN

*P*or tanto, cuando oren pidiendo bendiciones, espero que den un paso más. Un paso para que activamente se vuelvan instrumentos en las manos de Dios y así, lleven las bendiciones que oran a las vidas de las personas que conocen en su familia, entre sus amigos, en su lugar de trabajo.

DIOS BENDIJO A ABRAHAM PARA QUE FUERA
DE BENDICIÓN A LOS DEMÁS (GÉNESIS 12.2).
¿EN QUÉ ASPECTOS HAN BENDECIDO TU VIDA
LAS PROMESAS DE DIOS? ¿DE QUÉ MANERA TE
LLEVARON A BENDECIR A LOS DEMÁS?

....

....

....

....

....

....

....

....

....

....

....

....

....

....

¿Qué significa ser un instrumento en manos de Dios? Permítame que lo ilustre: tengo un piano en mi sala de estar. Es uno de mis instrumentos favoritos. Cuando estoy escribiendo una nueva canción me siento ante ese piano. Jugueteo un poco con acordes y cambios, que anoto sobre lo que estoy componiendo y reviso la melodía hasta que creo haber conseguido algo que vale la pena. Después refino y pulo la canción hasta que esté lista. Sin embargo, la canción sigue siendo una idea inaudible en mi mente, o en la hoja de papel, hasta que me siento ante el piano y la interpreto. Es decir que no se oye nada hasta que mis dedos tocan las teclas y los martillos hacen vibrar las cuerdas. Mi piano convierte en sonido lo que pienso, mis ideas y emociones. Son sonidos que fluyen del piano como música que llega a los oídos de la audiencia. Y espero que llegue también a sus corazones. En pocas palabras, el piano encarna mi intención, y la convierte en algo tangible que puede llegar a tener efecto en los demás.

Jesús entendía este principio, ya que era el instrumento de Dios Padre para transmitir su mente y su voluntad a su creación. Una y otra vez, en el Evangelio de Juan, leemos que Jesús repetía que en todo lo que hacía o decía solo estaba comunicando lo que hay en el corazón y la mente de Dios. Transmitía a los demás lo que Dios Padre le daba. Él era el instrumento, el transmisor de la bendición (Juan 5.19; 12.49-50; 14.10, 24, 31).

Así que tenemos que bendecir a los demás como Jesús. No somos los que originamos la bendición. Es Dios el que la origina y resuena a través de nosotros de la misma forma en que mi música resuena gracias al piano que tengo en la sala. De la misma manera en que el amor de Dios resonaba a través de la vida de Jesús.

Nos percatamos de la importancia que tiene eso de ser instrumentos de Dios cuando vemos que al ascender al cielo, Jesús se llevó su cuerpo consigo. Eso significa que Dios ya no tenía un cuerpo en la tierra por medio del cual pudiera bendecir a los demás, con excepción de nuestros cuerpos. Se nos ha encomendado la tarea de ser el cuerpo de Jesús en este mundo de hoy. Como dijo Pablo: «Vosotros, pues, sois el cuerpo de Cristo, y miembros cada uno en particular» (1 Corintios 12.27, RVR60). Tenemos que retomar el trabajo allí, desde donde Jesús lo dejó. Ahora él depende de nosotros para que siga la tarea que estaba cumpliendo Jesús, para transmitirles a los demás lo que hay en el corazón y la mente de Dios. Para tomar las bendiciones que Dios nos da y, con ellas, bendecir a los demás.

Sí, sé que no es exactamente una idea original. Ya cantamos muchas canciones sobre eso de ser «canales de bendición», y lo hemos hecho por generaciones. Yo mismo escribí algunas a lo largo de mi carrera. Canciones como «Vive la vida», «Regálalo» y «Brazos abiertos» que tienen que ver con el tema de que seamos las manos y los pies de Jesús para el mundo.

La idea de que seamos instrumentos de Dios para bendecir a los demás quizá no sea nueva. Pero sigue siendo válida. Y más que válida, es vital. Y la incluyo aquí porque es el único antídoto efectivo contra la cultura egoísta de hoy, la cultura del «yo». Los mensajes de correo electrónico que recibo y lo que veo en las vidas de las personas de fe, señalan con fuerza al hecho de que eso es así.

UNA VIDA DE GENEROSIDAD SIN EGOÍSMOS

*H*e sido bendecido con la oportunidad de viajar por el mundo para liderar la adoración en comunidades de casi todas las culturas que se te puedan ocurrir. Entre esas oportunidades hubo momentos específicos en los que era tan real la presencia de Dios y tan genuina la respuesta de la gente, que me sentía invadido por la sensación de que era demasiado y no podía con ello. Después de momentos como esos, muchas veces me hallé postrado, inclinado con la frente en el piso de mi camerino. Pero también, con la misma frecuencia, me pregunto cosas que me dan vueltas en la mente, como: «¿Fue tan real para todos como para mí?», o «Lo que vivimos allí, ¿va a mover a alguien para que en su corazón habite el Espíritu de Cristo? ¿O solo fue una experiencia emocional de esas que hacen que te sientas bien contigo mismo?». Sé muy bien que hay gente que entra en la vida de los cristianos nada más que por esas experiencias que te llevan a la cima de la montaña.

¿CUÁNDO VIVISTE LA EXPERIENCIA DE «ESTAR EN LA CIMA» CON DIOS? ¿CÓMO TE SENTISTE AL RESPECTO? ¿HUBO UN CAMBIO PERDURABLE COMO RESULTADO DE ESA EXPERIENCIA?

_____

_____

_____

_____

_____

_____

_____

_____

_____

_____

_____

_____

_____

_____

_____

*E*sto marca un contraste con personas que conozco y que han permitido que la realidad de lo que Dios ha hecho por ellos les sobrecoja al punto que decidieron dedicar sus vidas a servir a los demás. Me cruzo con ellos todo el tiempo cuando trabajo con el «Consejo del Servicio» y la «Participación Cívica del Presidente». Si fueras a escribir una historia sobre esas personas, el argumento principal no sería en referencia a ellos sino a quienes les rodean. Son personas que saben lo que significa ser instrumento.

En eso de entender qué significa ser instrumento de Dios, me encanta la oración de san Francisco de Asís; no se me ocurre mejor forma de concluir este capítulo que usar sus ideas:

Señor, haz de mí un instrumento de tu paz:

donde haya odio, ponga yo amor,

donde haya ofensa, ponga yo perdón,

donde haya discordia, ponga yo unión,

donde haya error, ponga yo verdad,

donde haya duda, ponga yo la fe,

donde haya desesperación, ponga yo esperanza,

donde haya tinieblas, ponga yo luz,

donde haya tristeza, ponga yo alegría.

Oh, Maestro, que no busque yo tanto

ser consolado como consolar,

ser comprendido como comprender,

ser amado como amar.

Porque dando se recibe,

olvidando se encuentra,

perdonando se es perdonado,

y muriendo se resucita a la vida eterna.

Amén.

*E*n esta generosidad sin egoísmos, en el dar a los demás, san Francisco descubrió la clave de las verdaderas bendiciones de Dios. Lejos de constituir el camino hacia el éxito, lo fácil, lo cómodo, el cristianismo nos llama a llevar una vida que se olvida del propio ser y se centra en ser instrumentos de Dios para mostrar su amor a los demás.

Es eso lo que voy aprendiendo de esta simple oración de bendición. Y es eso lo que quiero transmitirte en los capítulos que siguen.

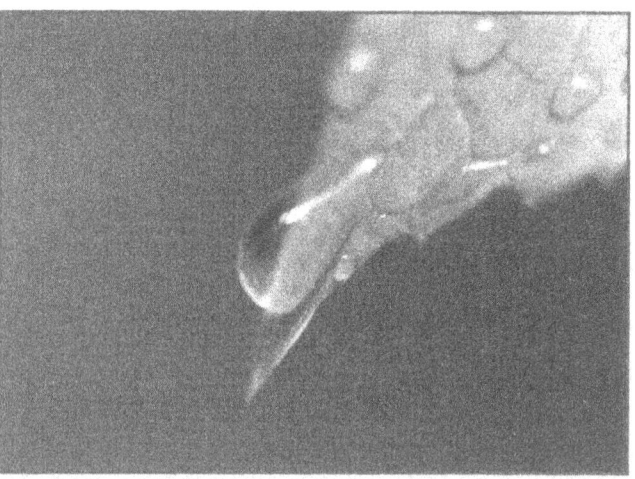

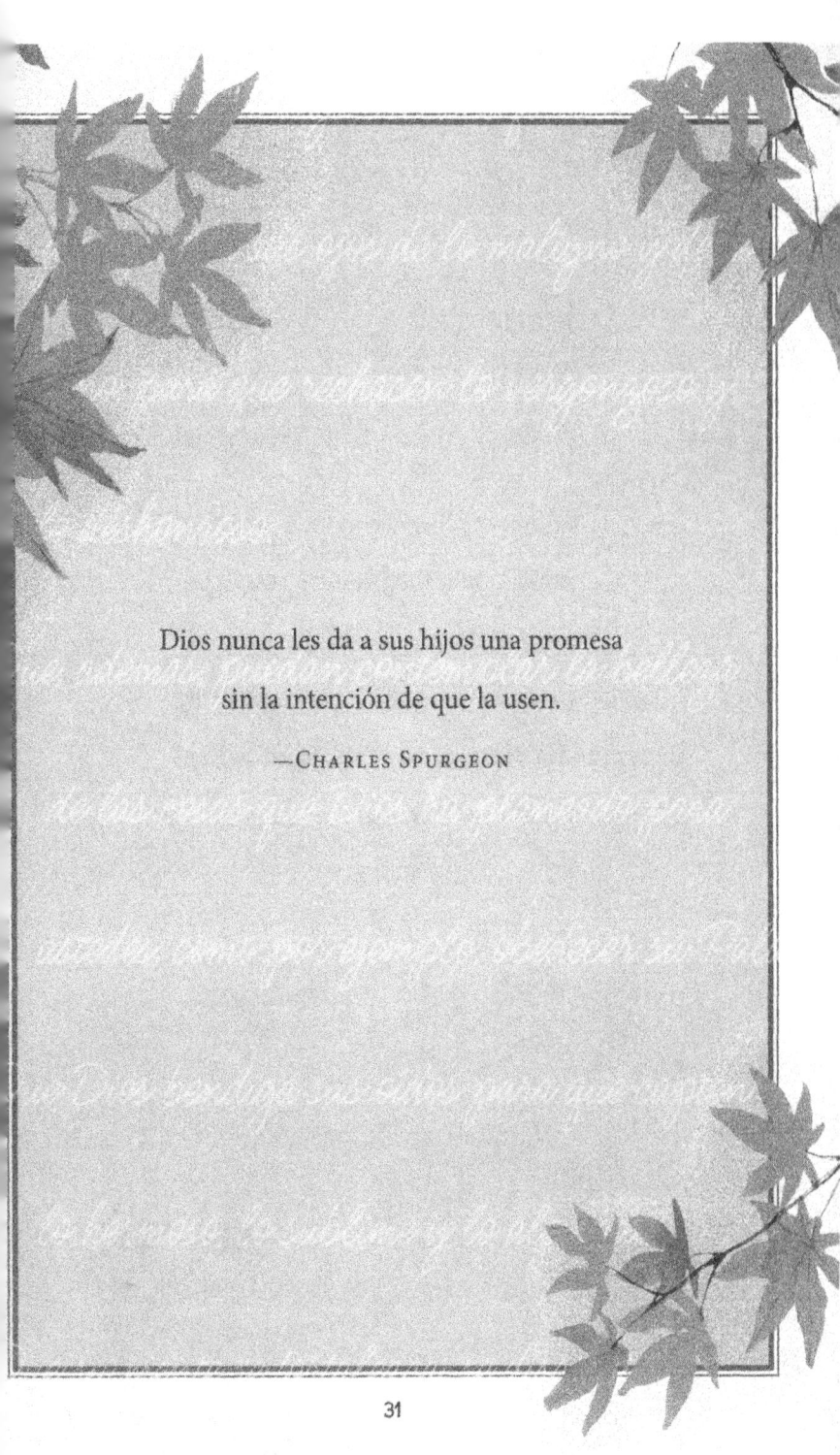

Dios nunca les da a sus hijos una promesa
sin la intención de que la usen.

—CHARLES SPURGEON

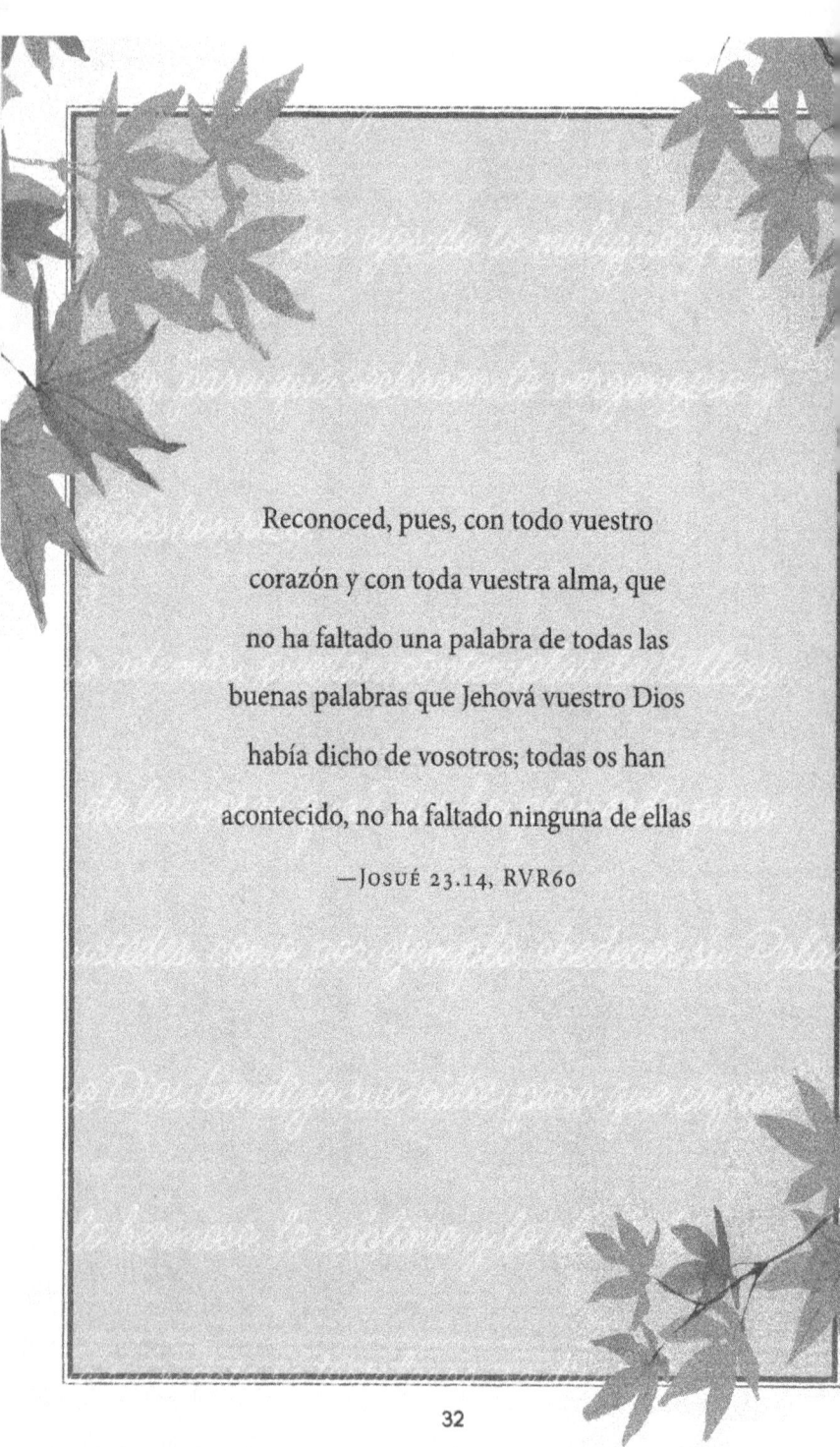

Reconoced, pues, con todo vuestro
corazón y con toda vuestra alma, que
no ha faltado una palabra de todas las
buenas palabras que Jehová vuestro Dios
había dicho de vosotros; todas os han
acontecido, no ha faltado ninguna de ellas

—JOSUÉ 23.14, RVR60

PARA REFLEXIONAR Y ACTUAR

¿DE QUÉ MANERA PUEDES TOMAR LAS PROMESAS
DE DIOS Y SER INSTRUMENTO EN SUS MANOS EL
DÍA DE HOY? ¿Y LA SEMANA PRÓXIMA? ¿Y EL
AÑO PRÓXIMO?

....

....

....

....

....

....

....

....

....

....

....

....

....

....

CAPÍTULO 2

ORACIÓN POR... LA SALUD ESPIRITUAL

Que el Espíritu Santo te dé salud,

y fuerza corporal, mental y espiritual

para que te muevas en la fe, esperando.

que los ángeles de Dios estén contigo

para protegerte y guardarte.

Amado, yo deseo que tú seas prosperado en todas las

cosas, y que tengas salud, así como prospera tu alma.

—3 Juan 1.2, RVR60

Cuando Dios ubicó a Adán y a Eva en el jardín del Edén «los bendijo» (Génesis 1.28). ¿Qué significaba eso? Bueno, si te fijas en el escenario que tenían es algo que se hará obvio, ¿verdad? Dios le dio a esa primera pareja todo lo que pudieran pedir o imaginar y hasta más. No exagero cuando digo que nadie tuvo tantas cosas buenas, jamás. Adán y Eva son las únicas personas que hayan vivido en este planeta para quienes la perfección absoluta en todos los aspectos posibles fue una realidad, una experiencia de vida.

Adán y Eva eran perfectos también. Adán reflejaba el designio de Dios de lo que era el hombre ideal y Eva era su contraparte, perfecta. Su relación era perfecta. Jamás peleaban, jamás se ofendían, nunca se quejaban. Era una vida amorosa idílica y plena. Adán siempre era considerado, amoroso, romántico, y a Eva nunca le dolía la cabeza. No se enfermaban ni envejecían. Su menú diario consistía de las comidas más deliciosas, de las que disponían en abundancia. Solo tenían que tomar lo que quisieran. El clima era tan perfecto que ni se molestaban en vestirse y, aun así, jamás se pincharon el pie con un abrojo ni se rasparon la piel con una espina. Porque no los había. Tenían un contrato abierto y permanente que les permitía vivir en una edificación grandiosa, llena de árboles altísimos, hierba verde, tierna; manantiales de agua clara y ríos torrentosos. Sin duda, Adán y Eva lo tenían todo. Habían sido bendecidos enormemente.

Pero espera un momento. Cuando leemos un poco más acerca de esa bendición del Génesis vemos que tenían también responsabilidades: «Sean fructíferos y multiplíquense; llenen la tierra y sométanla» (Génesis 1.28, NVI). Así que no eran tan solo receptores pasivos de la bendición. Había algo que Adán y Eva tenían que hacer para vivir la experiencia de la bendición de Dios. Se les ordenó multiplicarse y gobernar.

Bueno, ¡sí que eran condiciones de responsabilidad! Porque a la mayoría de las personas esa parte de «ser fructíferos y multiplicarse» les encanta y quieren cumplirla sin que haga falta que se les diga. Además, la idea de gobernar tiene su atractivo para casi todo el mundo. Nos gusta controlar las cosas, ya sea como ejecutivos de alguna gran corporación o tan solo al tener un espacio propio. Pero si todo lo que vemos en esos requisitos que implicaba la bendición de Dios es solo la gratificación de los deseos naturales, tal vez no estemos viendo el significado más profundo.

Porque aunque el proceso inicial de ser fructíferos y multiplicarse no es una tarea dura, el resultado seguramente lo es. Criar hijos implica enormes responsabilidades y requiere de sacrificios que nos cuestan. Y la idea de gobernar la tierra o al menos, de ser reyes de alguna pequeña colina, apela a nuestro instinto natural hasta que recordamos lo que Jesús les dijo a sus discípulos: «Pero entre ustedes no debe ser así. Al contrario, el que quiera hacerse grande entre ustedes deberá ser su servidor, y el que quiera ser el primero deberá ser esclavo de los demás» (Mateo 20.26-27, NVI). No todo lo que brilla es oro, ¿verdad?

LA BENDICIÓN QUE BENDICE A LOS DEMÁS

*L*as bendiciones de Dios implican más que el solo hecho de recibirlas de manera pasiva. Con cada bendición que nos beneficia parece haber una responsabilidad hacia los demás, que se corresponde con esa bendición. Naturalmente tendemos a que nos guste la parte del «yo», pero olvidamos la parte de «los otros».

Ese es nuestro gran problema. Las dos partes de la bendición están envueltas en un solo paquete. La bendición recibida no está completa hasta que cumplimos el requerimiento que trae aparejado. Y parece que este siempre implica una responsabilidad con los demás. La bendición nos honra no solo porque fluye desde Dios hacia nuestras vidas, sino porque sigue fluyendo desde nuestras vidas hacia los demás.

Como dije en el capítulo anterior, el piano que hay en mi sala no toma la música que no le pongo y la encierra dentro de sí, atesorándola y considerándola un asunto privado entre él y yo. No se pone sentimental ni entra en éxtasis religioso cuando lo toco pensando que ese es el propósito final de su existencia. La bendición no estará completa hasta que pase por el instrumento (esa palabrita, de nuevo) y se convierta en música para quienes lo oyen. La bendición que uno se guarda para sí mismo no es bendición en absoluto.

¿Puedes imaginar a Jesús dejando la gloria del trono del cielo para venir a la tierra solo para salir corriendo a la cima de una montaña y pasar allí sus días en comunión privada con Dios, orando y leyendo rollos de Escritura? ¿Puedes imaginar al apóstol Pablo después de su dramática conversión, como piadoso asistente a la iglesia para escuchar al coro y los sermones, y esperar que Dios le bendiga por su gran sentimiento religioso, haciendo que su oficio de coser tiendas se convirtiera en corporación multinacional?

No. Es que Pablo sabía cómo eran las cosas. Su actitud no era decir: «Ahora que he tenido este encuentro con Cristo espero que Dios derrame sus bendiciones sobre mí». Más bien, su actitud fue la siguiente: «Señor, acondicióname para que sepa pasar tus bendiciones a los demás». ¡Y Pablo sí que bendecía a los demás! Sin duda se lleva el premio al mejor evangelista que haya habido; a través de sus viajes misioneros y sus escritos bíblicos difundió la buena nueva de Jesús a más personas que las que haya podido alcanzar cualquiera.

ES FÁCIL DESEAR LOS BENEFICIOS DE LA SALUD ESPIRITUAL Y LA PROSPERIDAD SIN ESFUERZO NI SACRIFICIO. ¿EN QUÉ ASPECTOS TAL VEZ HAYAS INTENTADO HACERLO EN TU VIDA? ¿CUÁLES ERAN TUS EXPECTATIVAS? ¿QUÉ EXPECTATIVAS TIENES AHORA?

....

....

....

....

....

....

....

....

....

....

....

....

....

....

*E*ntonces, ¿qué tipo de vida tuvo Pablo como resultado de su importante obra para Dios? Pablo nos dio la respuesta con sus propias palabras: «Cinco veces recibí de los judíos los treinta y nueve azotes. Tres veces me golpearon con varas, una vez me apedrearon, tres veces naufragué, y pasé un día y una noche como náufrago en alta mar. Mi vida ha sido un continuo ir y venir de un sitio a otro; en peligros de ríos, peligros de bandidos, peligros de parte de mis compatriotas, peligros a manos de los gentiles, peligros en la ciudad, peligros en el campo, peligros en el mar y peligros de parte de falsos hermanos. He pasado muchos trabajos y fatigas, y muchas veces me he quedado sin dormir; he sufrido hambre y sed, y muchas veces me he quedado en ayunas; he sufrido frío y desnudez» (2 Corintios 11.24-27).

Creo adivinar lo que estás pensando porque me resulta fácil pensar lo mismo: *¡Ah! Si esto es lo que* *llamas bendición, entonces no me interesa para nada.* Sin embargo, antes de que grabemos en nuestros corazones esa idea tenemos que indagar un poco más en la vida de Pablo. Es cierto que tuvo más golpes duros que lo que uno esperaría. Y sin embargo, al leer sus cartas pensarías que era el hombre más feliz que haya existido. Le encantaban las palabras *gozo, alegría, gozoso, regocijo* y las usaba con frecuencia en sus cartas, muchas veces con gran entusiasmo como en este pasaje: «Alégrense siempre en el Señor. Insisto: ¡Alégrense!» (Filipenses 4.4, NVI). En cada instancia, hablaba de su gozo o del gozo de estar en Cristo, el que comparte con otros cristianos.

Me duele decirlo, pero sin duda hay muchos cristianos hoy que han puesto esta idea patas arriba. Porque muchas veces se juzga la autenticidad de la vida cristiana por la riqueza de las bendiciones que alguien recibe, como las cosas que podrían constituir lo que llamamos «la buena vida»: una linda casa, autos nuevos, una carrera exitosa, una abultada cuenta bancaria. Cuando vemos que un cristiano tiene todo eso, lo más probable es que pensemos: *Dios lo ha bendecido de veras, así que algo bueno debe estar haciendo.*

No me malentiendas: hay cristianos auténticos que viven en Dios y que sí tienen este tipo de éxito material. No es pecado ser rico. Dios sabe quién puede tener riqueza y usarla bien, y quién no. Y creo que es probable que dé o quite, según su criterio. Lo que quiero decir es que esas bendiciones materiales, aunque Dios haya decidido darlas, no son la verdadera medida de la salud espiritual de las personas.

El llamado de Cristo nunca fue una invitación a la vida de abundancia material, libre de problemas, una vida cómoda, de grandes logros. No es así. Ha sido y siempre será un llamado a morir. Jesús mismo lo dijo, con claridad meridiana:

Luego dijo Jesús a sus discípulos:

—Si alguien quiere ser mi discípulo, tiene que

negarse a sí mismo, tomar su cruz y seguirme.

Porque el que quiera salvar su vida, la perderá; pero

el que pierda su vida por mi causa, la encontrará.

¿De qué sirve ganar el mundo entero si se pierde la

vida? ¿O qué se puede dar a cambio de la vida?

—MATEO 16.24-26, NVI.

«Toma tu cruz», dice Jesús. ¿Qué significa esto? Vemos cruces cristianas en todas partes. Sobre las torres de las iglesias, en los santuarios, en las tumbas, en las portadas de los libros, en carteles y en las pegatinas de los autos. Las decoramos y las usamos como joyas. Estamos tan acostumbrados a la cruz como símbolo del cristianismo que ya ni pensamos en su propósito original como instrumento designado a infligir el sufrimiento y la muerte.

¿QUÉ SIGNIFICA «TOMAR LA CRUZ DE CRISTO» PARA TI? ¿CÓMO SE RELACIONA ESTO CON LA IDEA DE LA SALUD ESPIRITUAL?

....

....

....

....

....

....

....

....

....

....

....

....

....

....

....

....

$\mathcal{S}$in embargo, cuando Jesús nos dijo que tomáramos nuestra cruz, sí estaba pensando en su propósito original. Quiso decir que debemos morir a nosotros mismos. Tenemos que considerarnos muertos al instinto egoísta, orientado al propio ser, que nos hace aferrarnos a nuestras propias ambiciones, placeres y comodidades. Eso significa entregar tu vida a Cristo y dejar que su Espíritu te guíe de acuerdo a este concepto. Si eso supone que debas sufrir, bueno, únete al club. En ese club están Pablo, los apóstoles, Cristo mismo y millones de cristianos que han sufrido, incluso hasta hoy.

El amor siempre implica responsabilidad
y sacrificio. No amamos a Cristo de
veras si no estamos preparados para
asumir su tarea y tomar su cruz.

—WILLIAM BARCLAY

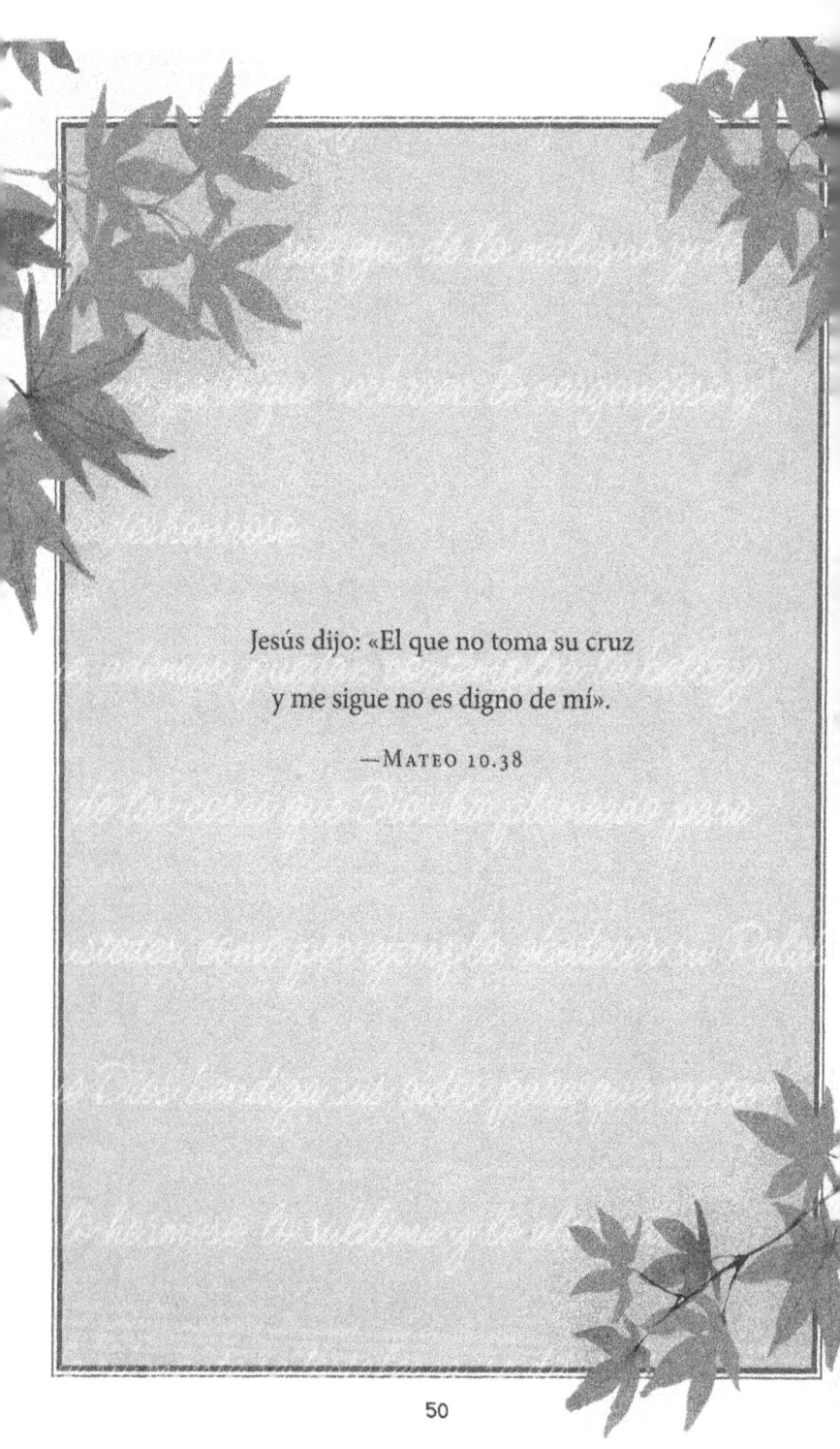

Jesús dijo: «El que no toma su cruz
y me sigue no es digno de mí».

—MATEO 10.38

PARA REFLEXIONAR Y ACTUAR

MORIR A NOSOTROS MISMOS Y VIVIR PARA JESÚS NOS BENDICE ENORMEMENTE CON PAZ, GOZO, AMOR Y GRACIA. ¿CÓMO PODRÍAS, ESPECÍFICAMENTE, TOMAR HOY TU CRUZ PARA SER DE BENDICIÓN A LOS DEMÁS?

....

....

....

....

....

....

....

....

....

....

....

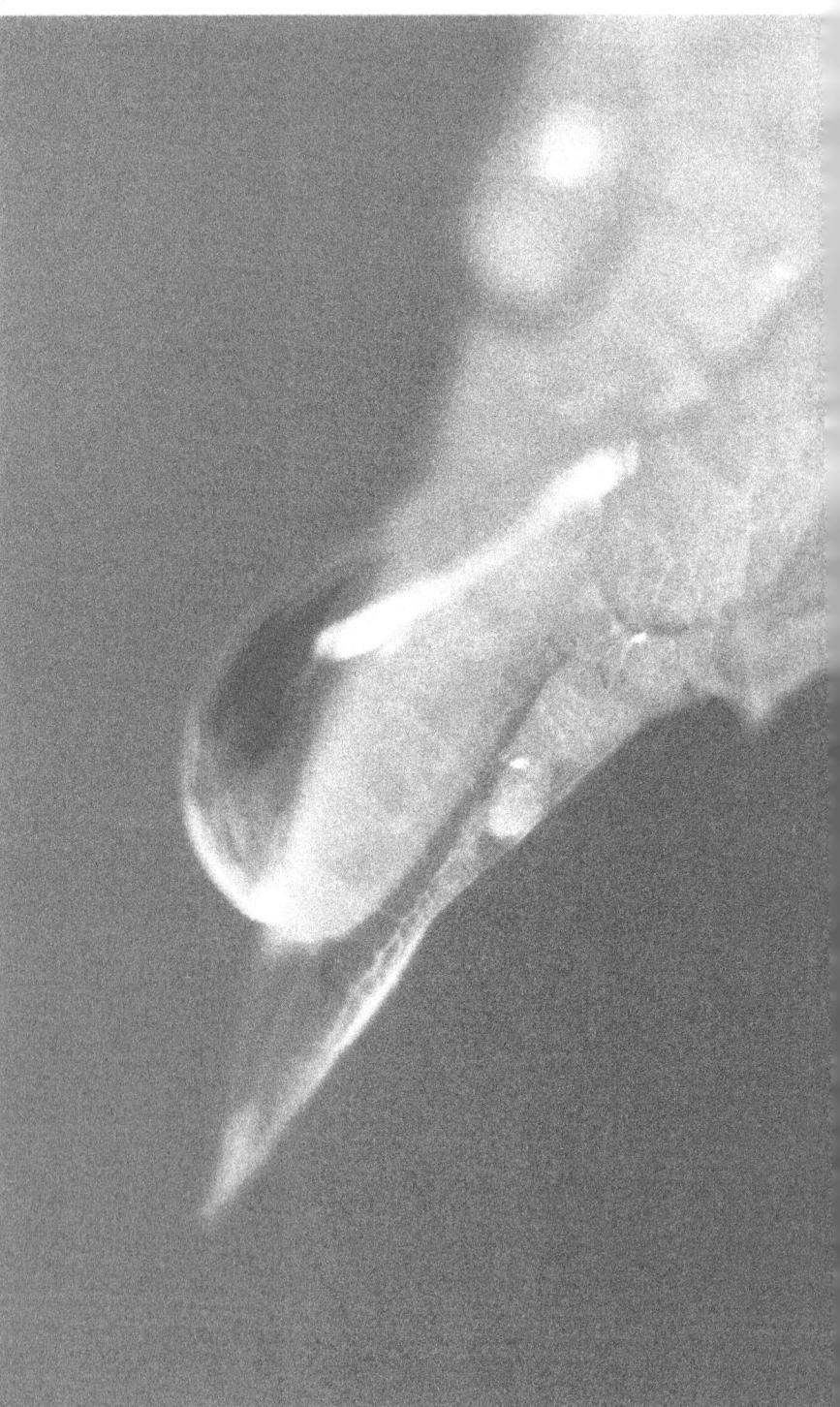

CAPÍTULO 3

ORACIÓN POR...
UNA MENTE PURA

Que tengas la bendición de la fuerza sobrenatural
para apartar tus ojos de las cosas necias, sin valor,
malas, para que cierres la puerta a lo que rebaja, a lo
negativo. Que puedas, en cambio, admirar la belleza
de las cosas que Dios ha planeado para ti, cuando
obedeces su Palabra. Que Dios bendiga tus oídos
para que oigas lo que edifica y alienta. Que tu mente
sea fuerte, disciplinada, equilibrada, llena de fe.

Por último, hermanos, consideren bien todo
lo verdadero, todo lo respetable, todo lo justo,
todo lo puro, todo lo amable, todo lo digno de
admiración, en fin, todo lo que sea excelente o
merezca elogio. Pongan en práctica lo que de mí
han aprendido, recibido y oído, y lo que han visto
en mí, y el Dios de paz estará con ustedes.

—Filipenses 4.8-9, NVI

*T*engo una razón sencilla para preocuparme por cuáles cosas son las que absorbemos y guardamos en nuestra mente. Habrás oído decir: «Uno es lo que come». Es que nos volvemos iguales a aquello con lo que nos llenamos. El experto en computación lo diría así: «Entra basura, sale basura». Llena tu mente con imágenes violentas y lo más probable es que te vuelvas violento. Llénala con imágenes sexuales y lo más probable es que la lujuria te invada. Llénala con imágenes de lo que implica cambiar tus valores para aceptar las prácticas y valores culturales del mundo, y es probable que adoptes esos valores en tu vida. Llénala con inercia y perderás el discernimiento que te permite llegar a ser todo lo que Dios quiere que seas.

Pero aun cuando los creyentes no adoptemos los valores de la cultura del mundo de manera franca, igual tenemos la perversa capacidad de adaptar esos valores a nuestros propios deseos. He oído hablar a personas cristianas que hacen trampa con sus declaraciones de impuestos, pero que sienten que eso es justificado hacerlo porque no les parece bien la forma en que el gobierno despilfarra su dinero y promueve cosas inmorales como el aborto o la prohibición de orar.

Hay cristianos que justifican el recorte de gastos en sus empresas o el despido de empleados diciendo que así pueden dar una ofrenda mayor en la iglesia.

Y hasta me enteré de que un ejecutivo de una compañía que se basa en la fe, que deliberadamente demoró los pagos a proveedores porque el interés extra que ganaba reteniendo el dinero era «buena administración de los recursos de Dios». No hace falta tener mucha imaginación para suponer lo que pensaban de su carácter moral esos proveedores.

Son datos lamentables que muestran que no somos sensatos si pensamos que podemos llenar nuestras mentes con imágenes que corrompen y al mismo tiempo aferrarnos a lo que sabemos que es justo y recto. Cuando exponemos continuamente nuestras mentes a los estándares de la cultura, esos estándares logran penetrar en nuestras vidas. Es un cambio fatal que se va instalando de manera tan gradual que, como la rana en la olla de agua que se calienta, ni siquiera nos damos cuenta. Al principio, lo malo ya no nos escandaliza. Luego nos acostumbramos a lo malo. Y después, lo toleramos. De allí, solo hay un pasito para que lo aceptemos como algo normal.

EVITAR LA CONTAMINACIÓN CULTURAL

*P*ara recibir la bendición de Dios y poder bendecir, Pablo nos urge: «eviten toda clase de mal» (1 Tesalonicenses 5.22). Eso significa que tenemos que evitar la contaminación de la cultura del mundo que nos rodea. ¡Ay, Pablo!, quiero decirte que ¡es más fácil decirlo que hacerlo! ¿Cómo podemos evitar estar expuestos a los males de nuestra cultura? ¿Tendremos que levantar campamento y mudarnos a un lugar aislado, junto a otros creyentes? ¿O encontrar una isla desierta en alguna parte? No. Pablo reconocía que tenemos que interactuar con toda clase de gente, buena y mala (1 Corintios 5.9-11). Lo que nos está diciendo es que tenemos que encontrar la forma de impedir que esas malas influencias arruinen nuestro carácter.

Así que: ¿cómo logramos que no nos llene la mente la contaminación cultural que tenemos alrededor? La respuesta de Pablo es: «No se amolden al mundo actual, sino sean transformados mediante la renovación de su mente. Así podrán comprobar cuál es la voluntad de Dios, buena, agradable y perfecta» (Romanos 12.2).

Me encantaría cambiar mi forma de pensar para estar receptivo a la voluntad de Dios. Pero ¿cómo lo logro? Si la cultura del mundo me rodea por todas partes. En todos los programas de televisión hay alguna clase de inmoralidad. Y si no la hay en los programas, la hay en los comerciales. Está dondequiera que mire: en carteles, películas, avisos, prácticas comerciales... ¿Cómo hago para evitar esa influencia?

Una vez más, Pablo tiene la respuesta: «Por último, hermanos, consideren bien todo lo verdadero, todo lo respetable, todo lo justo, todo lo puro, todo lo amable, todo lo digno de admiración, en fin, todo lo que sea excelente o merezca elogio» (Filipenses 4.8, NVI). No hay nada de misterioso en eso. No es más que lógica, simple y pura. ¿No quieres que tu mente se llene de contaminación? Bueno, entonces, piensa en lo puro (¿lo hacemos más difícil que lo que es en realidad o no?). Porque cuando llenas tu mente con la basura que te envía la cultura del mundo no le dejas espacio a Dios para que te llene de las bendiciones que quiere que disfrutes.

LA FORMA DE PENSAR DE UNA PERSONA, ¿PUEDE AFECTAR SU MANERA DE VIVIR? ¿QUÉ HAY DE LAS COSAS QUE UNO PERMITE QUE ENTREN EN SU MENTE, CON LAS PELÍCULAS, LA MÚSICA, LA TELEVISIÓN, ETC.? ¿AFECTA TODO ESO LA SALUD ESPIRITUAL? Y SI ES ASÍ, ¿DE QUÉ MANERA INFLUYE?

....

....

....

....

....

....

....

....

....

....

....

FIJAR LA MIRADA EN LO POSITIVO

*E*sta necesidad de llenar la mente con cosas «excelentes o que merezcan elogio» es lo que me hizo añadir la frase que sigue en mi bendición: «Que puedas, en cambio, admirar la belleza de las cosas que Dios ha planeado para ti, cuando obedeces su Palabra. Que Dios bendiga tus oídos para que oigas lo que edifica y alienta».

Aunque la corrupción de la cultura mundana nos rodee como el aire contaminado, siempre es posible encontrar lo bueno que sigue siendo inherente a la creación de Dios. Podemos hacerlo porque como creyentes tenemos el privilegio de contar con el poder del Espíritu Santo que habita en nosotros, para resistir esas malas influencias y aferrarnos en cambio al parámetro de Dios, de lo que es bueno. Y aunque nuestra naturaleza pecaminosa busque minar nuestros esfuerzos por cumplir con ese parámetro, podremos mantenernos firmes.

¿QUÉ CUALIDADES TIENEN LOS PENSAMIENTOS BUENOS Y SANOS (VER FILIPENSES 4.8)? ¿QUÉ HARÍA FALTA PARA QUE NUESTRA CULTURA HOY TENGA Y PROMUEVA PENSAMIENTOS PUROS?

Se nos asegura que la gracia de Dios nos basta y que nos libera de la esclavitud del legalismo. Ya no estamos limitados por ese sentido del deber y la obligación sino que el gran amor de Dios por nosotros nos convence e impele a vivir en santidad. Por la gracia de Dios somos libres de vivir de tal modo que reflejemos su pureza. Podemos negarnos a que nos rijan parámetros inferiores solo para justificarnos porque erramos. Jamás podremos llegar a ser las gloriosas criaturas que Dios sabe que podemos ser si no mantenemos como objetivo y meta su parámetro elevado, en lugar de los parámetros que la cultura del mundo nos dicta en cuanto a lo que es bueno y lo que no lo es. Podemos aumentar nuestra capacidad de ser obedientes a lo que Dios nos guía si mantenemos nuestros ojos y oídos sintonizados con lo que es bueno, amable, edificante, positivo, lo que alienta.

Dios nos creó a su imagen. Pero, por supuesto, eso no quiere decir que podamos ser Dios. Significa que podemos llegar a ser pequeñísimas réplicas de él. No alcanzamos el glorioso potencial que Dios nos tiene reservado si mantenemos la mirada fija en el espejo de lo que solamente existe. Tenemos que levantar la mirada, hacia la ventana de lo que puede llegar a ser. Por eso pueden dañarnos los antihéroes del mundo del entretenimiento actual. Porque nos mantienen pegados al espejo y no nos permiten mirar hacia esa ventana. Si queremos hacer más que solo dejarnos llevar por la corriente de la cultura mundana, nos conviene buscar modelos de bondad, de pureza, de honor, carácter, moral y coraje, tanto en el ámbito del entretenimiento como en nuestra vida real.

¿Por qué pueden sernos útiles esos modelos? Porque a veces el deseo de ser más grandes incuba mejor en la imaginación que en la voluntad. El ejemplo que nos inspira nos motiva más que el sermón. Reunir la fuerza de voluntad para llegar más alto ya no te parece un esfuerzo tan terrible. Significa librar una batalla en serio contra esa naturaleza de pecado que seguramente va a mostrar los dientes para impedir cualquier intento que hagas de ponerle un bozal. Pero si ves a Máximo en *Gladiador* o a Oskar Schindler en *La lista de Schindler,* o a William Wallace en *Corazón valiente,* sentirás que se enciende tu buen instinto y que quieres ser más grande de lo que eres. Estos héroes nos abren una ventana que deja entrar una ráfaga de aire limpio y refrescante, que nos inspira con tan solo un vistazo de todo lo que podemos llegar a ser. La gran ventaja de tener héroes como esos es que ellos no buscan que cambiemos a la fuerza. Más bien, nos inspiran para que sintamos deseos de cambiar.

Dios creó un mundo puro, sin contaminación. Nuestros ancestros originales lo usaron mal, y como resultado tenemos el óxido de la muerte, el dolor, la pena y todos los problemas con los que lidiamos hoy. Pero como Dios valora su creación, tiene toda la intención de quitar ese óxido y restaurarlo todo a su perfección original, sin contaminación.

Es esa la realidad última y suprema. Eso es el realismo verdadero. Lo feo con lo que contendemos día a día es el óxido. Es lo que nos muestran en la televisión, las películas o demás formas de entretenimiento, y que nos hacen ver como la realidad. Pero se equivocan. Así que cuando decidimos poner los ojos y los oídos en lo que es más puro, y cuando por fin preferimos a los héroes reales y los finales felices, mostramos nuestro compromiso con la verdadera realidad que Dios nos prometió. La historia que Dios escribió tiene un final tipo «felices para siempre», con el que promete gozo eterno a quienes se centren en lo puro y lo amoroso, para quienes adopten el verdadero carácter en sus vidas. Si centras la mirada y los oídos en cosas que te brindan un vistazo de esa realidad feliz, habrás logrado mucho porque tendrás más capacidad para recibir las bendiciones que Dios quiere derramar sobre ti.

Por eso es que oro fervientemente, pidiendo que tú y yo nos comprometamos a alejarnos de lo sucio, necio, indigno, malo, denigrante y negativo que la cultura del mundo nos echa encima. Oro porque podamos más bien centrarnos en lo amoroso, lo edificante, lo que anima y alienta. Allí es donde hallaremos verdadera bendición. Y es así como podremos ser de bendición para otras personas que necesitan modelos que muestren la verdad que tan desesperadamente les falta conocer.

Nuestra derrota o victoria comienza
por lo que pensamos. Si protegemos
nuestros pensamientos, no tendremos
problemas con tantas otras cosas.

—VINCE HAVNER

PARA REFLEXIONAR Y ACTUAR

EN LA PRÓXIMA SEMANA, ¿CÓMO PODRÍAS PURIFICAR TU MENTE Y ENFOCARTE MÁS EN LAS COSAS DE DIOS? ¿QUÉ PROGRAMAS DE TELEVISIÓN, PELÍCULAS O MÚSICA TENDRÍAS QUE ELIMINAR DE TU LISTA? ¿QUÉ COSAS PODRÍAS AGREGAR A TUS DISCIPLINAS ESPIRITUALES?

....

....

....

....

....

....

....

....

....

....

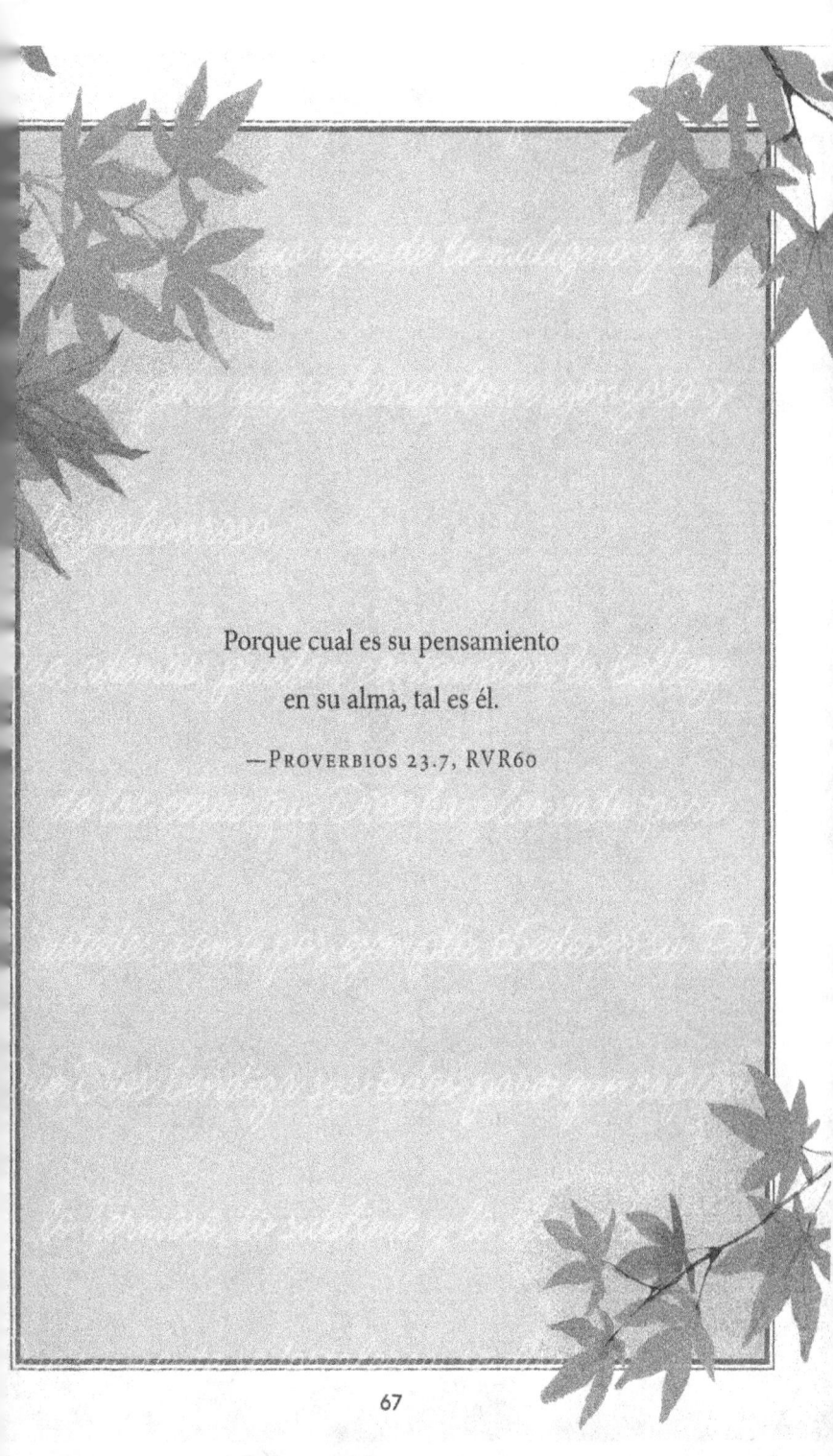

Porque cual es su pensamiento
en su alma, tal es él.

—Proverbios 23.7, RVR60

CAPÍTULO 4

ORACIÓN POR...
LA SANTIDAD
PERSONAL

Que tus pies anden en santidad

y el Señor ordene tus pasos.

Que tus manos sean tiernas, dispuestas a

ayudar y bendecir a quienes lo necesiten.

Que tu corazón sea humilde

y receptivo ante los demás,

y a las cosas de Dios, no a las del mundo.

Dios nos escogió en él antes de la creación del mundo,

para que seamos santos y sin mancha delante de él.

—Efesios 1.4

*L*a definición más simple de «santos» es «ser como Dios». Y eso puede implicar algunas de las prácticas que mencioné antes, o todas ellas. Pero ninguna de ellas conforma la esencia de la santidad. Si queremos ser santos seguiremos de cerca a Dios tanto como nos sea posible en nuestra forma de vivir. ¿Cómo lo haremos? Tenemos un modelo perfecto: Jesús era *Emanuel*, Dios con nosotros. En los evangelios podemos verlo todo el tiempo, en todo lo que Jesús hacía, y ver exactamente cómo es Dios. En Jesús vemos la santidad en su expresión más pura.

¿Qué vemos al mirar a Jesús? ¿Cómo mostraba lo que es la santidad? Quizá la mejor respuesta sea la que le dio a Juan el Bautista cuando este envió un mensaje desde su celda en la prisión preguntando si Jesús era aquel que había estado esperando que Dios enviara. Para confirmarle que era el Santo de Dios, Jesús no le envió la respuesta que podríamos esperar: «Dile a Juan que yo oro cinco veces al día y que hago ayuno tres veces a la semana, que nunca como algo sin antes pasar por el ritual de purificación, que nunca falto a la sinagoga, que estudio hasta la madrugada los rollos sagrados, que evito todo lo impuro y que no toco una gota de vino ni con los guantes puestos».

Lo que Jesús respondió fue, en cambio: «Vayan y cuéntenle a Juan lo que están viendo y oyendo: Los ciegos ven, los cojos andan, los que tienen lepra son sanados, los sordos oyen, los muertos resucitan y a los pobres se les anuncian las buenas nuevas» (Mateo 11.4-5)

Aquí Jesús nos muestra con toda claridad que ser santo no significa andar vestido de traje con la Biblia bajo el brazo camino a la iglesia. No significa pronunciar oraciones largas y elocuentes ni hacer ayuno como los que cumplen una dieta estricta, ni decir muchas veces «alabado sea el Señor», ni levantar los brazos en alto cuando estás en la iglesia. Ser santo significa que tus manos se ocupan de la obra de Dios. Que tus manos se ensucian. Ser santo significa dar de comer al que tiene hambre, satisfacer las necesidades del enfermo, ayudar a la gente que está en problemas, consolar a los que lloran. Significa dejar que tus manos sean instrumentos del amor de Dios. Significa que le das tu vida al Espíritu Santo de Dios y le permites que te use para bendecir a otras personas.

La Madre Teresa es uno de los mejores ejemplos de lo que es la santidad. No es que fuera santa porque vestía un hábito de monja prolijamente almidonado, y viviera enclaustrada una vida de oración y meditación. Fue santa porque dedicó su vida a ministrar a través del contacto físico con los más despreciados, poniendo manos a la obra para ayudar a los apartados, la gente más repugnante de la tierra: los leprosos que vivían en la mugre de los peores lugares de Calcuta.

He visto ejemplos de santidad parecidos con mis propios ojos. Estuve en Haití después del terremoto de enero de 2010 y jamás olvidaré a los equipos de voluntarios de la organización caritativa Samaritan's Purse [El bolso del samaritano], que brindaron ayuda cubriendo las necesidades de los que estaban devastados y desmoralizados, con todo el amor de Cristo que albergan sus corazones. Conocí también a un pastor haitiano que me mostró su casa aplastada bajo el edificio de cinco pisos de una escuela, matando a su esposa, su bebé, su madre y su suegra. A pesar de todo eso y en medio de su insoportable dolor, tenía el profundo compromiso de reflejar la realidad de la bondad de Dios en el caos que le rodeaba. Me abrumó tanto la generosidad que observé en quienes servían a los demás en esa situación que me sentí inspirado a dar una mano en lo que pudiera, sirviendo comida en las cocinas comunitarias, o brindando momentos de entretenimiento a los niños, jugando con ellos y orando por ellos. Incluso en el epicentro de la tragedia, la esperanza se contagiaba.

Esos cristianos dedicados bendecían profundamente a otras personas. Y lo hacían con un considerable sacrificio de su parte. Nadie les pagaba por su trabajo. Tal vez a algunos las iglesias o los donantes les dieran algo de dinero, pero muchos no tenían apoyo financiero y hasta pagaron sus pasajes para viajar con su propio dinero. Hubo algunos que perdieron sus salarios o cerraron sus negocios con tal de dedicar tiempo a bendecir a los demás. Y otros sufrieron heridas o enfermaban mientras estaban sirviendo al prójimo.

TANTO JESÚS COMO LA MADRE TERESA SON CONOCIDOS COMO GRANDES EJEMPLOS DE SANTIDAD. PERSONALMENTE, ¿CONOCES A ALGUIEN QUE TE DÉ UN EJEMPLO DE ESA NATURALEZA? ¿QUÉ ES LO QUE DESTACA A ESA PERSONA DE ENTRE TODOS LOS DEMÁS? ¿CÓMO PODRÍAS EMPEZAR A IMITAR A ESA PERSONA EN TU ANDAR CRISTIANO?

....

....

....

....

....

....

....

....

....

....

....

....

SER SANTOS Y AYUDAR A LOS DEMÁS

*N*o es por casualidad que en mi oración de bendición conecto la santidad con las manos que son «tiernas, dispuestas a ayudar y bendecir a quienes lo necesiten». La Biblia nos muestra en muchos lugares que Dios relaciona la santidad   —que es ser como él— con la forma en que nos ocupamos de los demás y satisfacemos sus necesidades. La respuesta de Cristo a Juan citada en las páginas anteriores, es un ejemplo de ello. Hay otro ejemplo en la carta de Juan el apóstol, que afirma: «El que no ama a su hermano, a quien ha visto, no puede amar a Dios, a quien no ha visto. Y él nos ha dado este mandamiento: el que ama a Dios, ame también a su hermano» (1 Juan 4.20-21, NVI).

Es muy significativo el hecho de que cuando Jesús les habló a sus discípulos del juicio final, el criterio que usó para separar a los salvos de los perdidos fue si habían alimentado al hambriento, dado agua al sediento, ofrecido refugio y ropa a los que lo necesitaban, cuidado al enfermo o consolado a quienes tenían problemas con las autoridades (Mateo 25.31-46). Los que se ocupaban de servir a los demás cumpliendo con esas tareas en forma desinteresada y sin ningún tipo de egoísmo eran los santos, los que más se parecían a Dios.

No estoy tratando de cargar sobre ti el peso de algún tipo de teología basada en las obras. Si hay algo que aprendí es que no hay nada que podamos hacer para justificarnos en presencia de un Dios santo. Lo dice claramente el apóstol Pablo en su carta a los de la iglesia de Éfeso: «Porque por gracia ustedes han sido salvados mediante la fe; esto no procede de ustedes, sino que es el regalo de Dios, no por obras, para que nadie se jacte» (Efesios 2.8-9). Pero a pesar de ello, hay una relación innegable entre la fe y las buenas obras. Porque una lleva a la otra. La fe vibrante y sana produce buenas obras, así como el manzano produce manzanas. Van juntas, naturalmente. Santiago lo dice así: «Pues como el cuerpo sin el espíritu está muerto, así también la fe sin obras está muerta» (Santiago 2.26, NVI).

¿Por qué Dios enfatiza tanto que nuestro amor por él se exprese en el servicio al prójimo? Pienso que la respuesta es bastante simple. Como nos dice el apóstol Juan, Dios es amor (1 Juan 4.16). Es lo que Dios hace y lo que es. Dios nos creó por amor y nos ama de muchas maneras, así como el artista ama su pintura, el músico ama su canción, el padre ama a su hijo y, en una imagen que se repite una y otra vez en la Biblia, el amante ama a su amada. Todo lo que tiene que ver con Dios tendrá que ver con el amor.

Cuando nuestros primeros padres rechazaron a Dios en el Edén, lo afligieron muchísimo. Pero Dios honró la decisión que ellos tomaron y salió de sus vidas, dolido por la separación, por la pena, por el sufrimiento y por el dolor que esa decisión le traería a la raza humana. A pesar de que rechazamos su amor, Dios envió a su Hijo para mostrar que nos ama, no solo por el gran sacrificio propiciatorio por nuestros pecados sino también para reafirmar su amor en acción, sirviendo y ministrando a los dolidos y necesitados dondequiera que los encontrara mientras estuvo aquí.

Después de que Jesús volviera al cielo para preparar nuestra llegada, nos dio el alto honor de que seamos su cuerpo aquí en la tierra. Por tanto, hemos de ser canales por los cuales el amor de Dios pueda fluir hacia los demás. Le permitimos usar nuestras manos y corazones para que lleguen las bendiciones que él quiere derramar sobre quienes lloran y sufren. Ser como Dios significa eso. Es lo que implica ser santos.

¿POR QUÉ ES IMPORTANTE LA SANTIDAD? ¿CUÁL ES SU PROPÓSITO?

$\mathcal{T}$ómate un tiempo para examinar tu alma y ver entonces si no anhelas tener ese carácter moral que hace que con alegría y gozo te arriesgues a invertir lo que Dios te ha dado. Es ese el tipo de santidad que hará que Dios te sonría y diga: «Bien hecho, siervo bueno y fiel».

Es lo que yo anhelo oír. Por eso en mi oración de bendición oro por mí y por los demás. Quiero oír de Jesús esas palabras tan ansiadas. Y sé que nunca las voy a oír si elijo el camino seguro y fácil de no correr riesgos. Si evito la contaminación de los barrios pobres, del lecho del enfermo, el grito desesperado de los que no tienen techo, de los hambrientos o los que sufrieron devastación; si ignoro el dolor y la desesperanza de mi prójimo, entonces tal vez mi vida sea más fácil, más segura, sin tantos problemas. Pero me perderé las enormes bendiciones que Dios quiere darme. Una de las mejores lecciones que aprendí es que la acción de bendecir a los demás es como un bumerán que vuelve a ti. Al bendecir a otros, te bendices también.

Quiero limpiar mi vida de todo lo malo para que lo reemplace la verdadera santidad, de modo que pueda ser yo una vasija que Dios llene de bendiciones para a la vez derramarlas generosamente sobre los que me rodean. Quiero servirles de ejemplo. De ejemplo de alguien que no se deja atrapar por la corriente decadente de la cultura y el mundo. Un ejemplo que saca de su vida el egoísmo para reemplazarlo por el amor de Dios y el servicio al otro. El ejemplo que cambia su enfoque y deja de mirar hacia adentro para ver hacia afuera. El ejemplo de alguien que dedica su vida a ser santo, como Dios es santo.

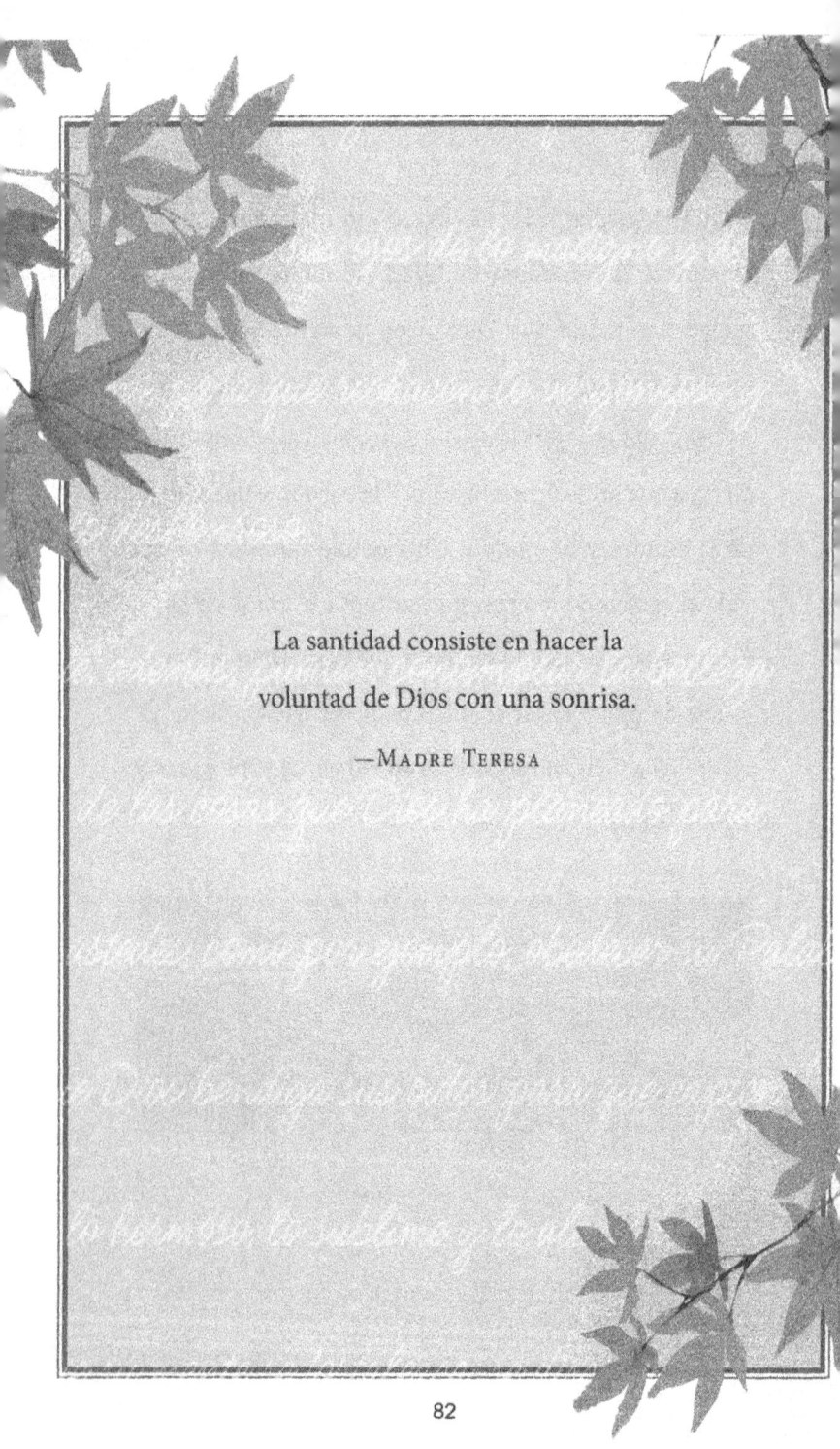

La santidad consiste en hacer la
voluntad de Dios con una sonrisa.

—Madre Teresa

PARA REFLEXIONAR Y ACTUAR

¿QUÉ OBSTÁCULOS TE IMPIDEN AVANZAR EN EL CAMINO A LA SANTIDAD? ¿CÓMO PODRÍAS EMPEZAR A QUITARLOS PARA DESPEJAR ESE CAMINO?

....

....

....

....

....

....

....

....

....

....

....

....

....

Busquen la paz con todos, y la santidad,
sin la cual nadie verá al Señor.

—HEBREOS 12.14

CAPÍTULO 5

ORACIÓN POR... LAS BENDICIONES EN CASA

Que la gracia de Dios esté sobre tu hogar,

para que sea santuario de reposo y renovación,

un refugio de paz donde el sonido del gozo

y la risa adorne por gracia sus muros,

donde el amor y la aceptación incondicional

entre los de tu familia sean la regla constante.

Por mi parte, mi familia y yo serviremos al Señor.

—JOSUÉ 24.15

Como nacemos formando parte ya de una raza de pecadores caídos, todos tendemos a ser egoístas. Queremos que las cosas sean a nuestra manera. Los buenos progenitores se esfuerzan por disciplinarnos y enseñarnos a no ser egoístas; por su parte, los buenos maestros y pastores refuerzan la lección. Sin embargo, esa tendencia centrada en el propio ser tiene raíces profundas y casi siempre hace falta un combate mano a mano en la arena de la vida cuando lo que queremos se opone a lo que necesitan los demás. El matrimonio y la familia nos brindan esa arena. La familia es el desafío perfecto para el egoísta. Porque vivir en familia exige que uno sea sensible a las necesidades ajenas. Exige de mi tiempo. Hace que renuncie a cosas que quiero. Pisotea mi ego. Y virtualmente borra todo concepto del ocio. ¡Qué bendición!

No, no estoy siendo cínico. Es que esas obligaciones son verdaderas bendiciones. Porque si no las tuviésemos seríamos completamente egocéntricos, egoístas y narcisistas, defectos fatales puesto que centrarnos en nosotros mismos nos aleja de Dios.

Al hacer frente a nuestras obligaciones el egoísmo queda vencido, formándose entonces un carácter afín a lo que Dios quiere, dado que la supremacía del «yo» queda derrotada.

Quiero decir aquí que el matrimonio y la familia no son el único medio para vencer la maldición del egoísmo. Hay muchas personas solteras y parejas sin hijos cuyo carácter es de veras según el corazón de Dios, y que son compasivas, amorosas, desinteresadas en todo lo que hacen. Sin embargo, pienso que el matrimonio y la familia nos brindan un medio gratificante para lidiar con el egoísmo ya que el pegamento que nos mantiene unidos cuando llega el momento en que querríamos patear el tablero es el amor.

Si el amor no nos hubiera mantenido unidos, mi esposa Debbie o tal vez yo podríamos haber acabado con el matrimonio o abandonado a nuestra familia cuando las exigencias del egoísmo se volvían demasiado grandes. Pero descubrimos —como les pasa a todos los cónyuges de veras comprometidos— que si te quedas y te dedicas al bienestar de tu familia —y si permaneces allí cuando preferirías tomar tus pertenencias y huir—, entonces la familia llega a ser una de las experiencias más formadoras de carácter.

Y es la más gratificante también.

SI TUVIERAS QUE CREAR UN ESLOGAN QUE DESCRIBA A TU FAMILIA, ¿QUÉ DIRÍA? ¿CUÁL TE GUSTARÍA QUE FUERA? ¿CÓMO PODRÍAS CONCILIAR LAS DOS FRASES?

....

....

....

....

....

....

....

....

....

....

....

....

....

....

....

....

....

Ocultas y escondidas dentro de todo el dolor y la frustración que implica tener una familia, están algunas de las más enormes bendiciones que Dios nos da. De la familia emerge más gozo del que merecemos.

El año pasado cuando mi familia estaba reunida, con todos sentados a la mesa en el Día del Padre, hice una pausa por un momento solo para escuchar todo el amor que se expresaba en la conversación amigable, las bromas y las risas. Y pensé: *Lo que tengo aquí es una bendición mucho mejor que todos los premios Grammy que pudiera ganar en mi vida.* Y lo dije porque es verdad. Soy doblemente bendecido porque todos mis hijos y nietos viven cerca, y podemos comer juntos hasta tres veces en la misma semana.

Soy triplemente bendecido por vivir en una familia que de veras ama reunirse. Mis hijas Anna y Emily admitirán sin dudarlo que son las mejores amigas. ¿No es eso de locos?

Conozco a muchas familias que no viven unidas. En unos casos se debe a la distancia. Y en otros, es por decisión de las personas. Conozco familias en las que toda reunión tiene que ver con cosas tristes, conflictos y dolor. Cuando las relaciones familiares se estropean y amargan hay algo vital que se ha robado a la vida de esas personas. Si en casa las cosas no están bien, no hay nada que parezca estarlo.

Lo que quiero decir es que lo que hace posible el amor y la unión en la familia es saber lidiar de manera efectiva con la adversidad. Si los padres y las madres no están dispuestos a enfrentar la adversidad del sacrificio que implica nutrir el matrimonio y formar la familia a lo largo del tiempo, no pueden esperar la cosecha de esa bendición de alegría y gozo que solamente puede dar la familia. Los que tratan de escapar de la adversidad porque no están dispuestos a hacer tales sacrificios, suelen terminar con familias que reflejan ese mismo tipo de egoísmo. Si cada uno de los de la familia se protege a sí mismo del sacrificio, todos acabarán en riña o molestia constante al estar con los demás miembros del grupo familiar porque la misma proximidad, las necesidades y los deseos tan diversos, siempre se tomarán como intrusiones.

Después de veintinueve años de matrimonio y vida familiar, puedo decirte esto con toda sinceridad: si tuviera que elegir entre la familia y la música, créeme que elegiría a mi familia sin dudarlo un instante. Porque mi familia es la que hace latir mi corazón.

EL MAYOR OBSTÁCULO PARA LAS BENDICIONES

*U*na de las cosas que realmente me parten el corazón —y es una de las razones por las que quise escribir este libro—, es que dondequiera que voy encuentro muchas personas para quienes el matrimonio dista mucho de ser fuente de alegría y gozo. De hecho, es más bien su fuente principal de dolor, tristeza y desilusión. Me entero de gente que vive en el dolor más profundo debido a matrimonios sin amor o que tienen relaciones abusivas. Me entero de que sufren infidelidades, alcoholismo, adicciones, abandono, maltrato emocional. Y con mayor frecuencia me entero de separaciones, abandono, divorcios, batallas por la tenencia de los hijos, pago de alimentos, abandono de las obligaciones de sostener económicamente a los hijos. De padres y madres solteros que desesperadamente se esfuerzan por cubrir sus gastos y criar a sus hijos. En casi todos los casos hay ira, amargura, desilusión o desesperanza. Si les dices a esas personas que el matrimonio es fuente de alegría y gozo, se reirán en tu cara.

Sé que es duro decirlo, pero debo hacerlo: en casi todos los casos de matrimonios rotos o infelices la raíz está en el egoísmo. No me malentiendas. No estoy juzgando ni acusando. Lo que digo es que he visto situaciones en las que ambas partes clavan los talones en lo que afirman son sus derechos, haciendo así que sea casi imposible la negociación y la tolerancia. También he visto casos en que una sola de las partes lo hace, cuando uno de los dos se preocupa tanto por sus propias necesidades que termina apartando por completo a su cónyuge. Parece un poco injusto en este mundo de hoy culpar de egoísmo solamente a las personas, en tiempos en que la sociedad en su conjunto se esfuerza tanto por empujarnos a la autoafirmación, la autorrealización, la autoestima, la autodeterminación, la autoconfianza, y tantas «autocaracterísticas» más. El énfasis en la independencia, los derechos y las expectativas es total.

En nuestros días el autosacrificio no tiene prensa siquiera. De hecho, se nos alienta a no volvernos «felpudos» del otro, algo que implica que el sacrificio y el dar significan perder la propia personalidad y la felicidad. Por eso es que hay tantas bodas hoy que van precedidas de un contrato prenupcial en que se definen las expectativas maritales y la distribución de los bienes en caso de divorcio. Cuando una pareja entra en el matrimonio con exigencias como esas, se pierden las bendiciones que solo pueden llegar cuando hay amor dispuesto al sacrificio. Se abren únicamente a ser receptores y se cierran a ser dadores. El egoísmo que guardan dentro empieza a fermentar y causa descontento. Y por lo general eso rompe y destruye al matrimonio. Con ese énfasis de hoy en satisfacer siempre las exigencias particulares, no es un misterio la razón por la cual la tasa de divorcio en los Estados Unidos sea de aproximadamente cincuenta por ciento.

En un entorno tan tóxico es perfectamente lógico que se piense: *Si sigo el camino del sacrificio y dejo de lado las cosas que quise y soñé toda mi vida, ¿cómo voy a ser feliz?* Es una buena pregunta. Porque en apariencia no parece tener sentido. Es una de esas cosas que no sabemos hasta que las probamos. A eso se le llama dar un paso en fe. Jesús mismo nos aseguró que perder nuestras vidas es la única forma de tener vida: «El que encuentre su vida, la perderá, y el que la pierda por mi causa, la encontrará» (Mateo 10.39).

Cuanto más piensas en esa declaración que tan loca parece, más sentido le encuentras. Hoy se pone todo el énfasis en el disfrute, la diversión, el «yo». Pero como dijo alguien: «Tarde o temprano descubrimos que en el propio ser no queda nada que disfrutar».

Si no se abre el propio ser a los demás, acabará siendo una prisión. Y dentro de esa prisión nos volvemos dependientes de nuestros propios recursos para hallar la felicidad, la plenitud y el sentido. Sin embargo, contamos con recursos limitados y una vez que nos llenamos, satisfaciendo nuestros deseos, toda esa gratificación se convierte en lo único con lo que contamos para disfrutar. La gratificación de los propios deseos siempre se diluye y termina cansando.

¿CÓMO PODRÍAN TÚ Y TU FAMILIA CAMBIAR LA DINÁMICA DEL GRUPO FAMILIAR CON UNA ACTITUD DE SERVICIO A LOS DEMÁS? ¿QUÉ PODRÍAS HACER PARA PROMOVER ESE CAMBIO DE ACTITUD?

....

....

....

....

....

....

....

....

....

....

....

....

....

....

$\mathcal{S}$olamente cuando nos abrimos, dando a los demás, nuestros magros recursos se ven repuestos por los nuevos que Dios quiere derramar en nosotros. Fuimos creados para conectarnos, para formar relaciones. Y las relaciones se mantienen mediante el fluir continuo y mutuo del dar, en un ida y vuelta. Ese es el juego del amor que limpia la podredumbre del egoísmo y produce bendiciones.

BENDICE A TU FAMILIA

*C*omo padre, hay algo que puedo hacer para dejar un legado de bendiciones al matrimonio y a la familia. Puedo dedicar cada gramo de capacidad y energía que tenga a esforzarme por inculcar a mis hijos estos principios de felicidad en cuanto a las relaciones. Quiero, de todo corazón, que mis hijos encuentren el mismo tipo de alegría y gozo en la familia que yo. Pero, ¿cómo lo hago?

No es fácil en un mundo en el que la cultura parece conspirar contra nosotros. El fracaso matrimonial es una epidemia que hoy empuja a los jóvenes a vivir juntos en vez de casarse, lo cual ha llevado la tasa de nacimientos ilegítimos a casi cincuenta por ciento. Son niños que crecen sin modelos de felicidad familiar y, a menudo, sin ninguna clase de ejemplo cristiano.

Incluso aquellos criados por padres y madres cristianos que los llevaban a la iglesia están abandonándola, y su número aumenta todo el tiempo. Sin principios que los guíen quedan vulnerables a las trampas de la cultura del entretenimiento, la que inevitablemente los expone a la sensualidad y la perversión. La proliferación de iPods, sitios sociales promovidos por Internet y teléfonos inteligentes suele encerrarlos en un mundo de comunicaciones electrónicas que puede separarlos efectivamente de la influencia parental. Subvertidos por las opiniones alejadas de Dios que hoy escuchan y se les presentan en las escuelas públicas, y por profesores universitarios sin fe, los jóvenes fácilmente son seducidos por el pensamiento actual, que vive de espaldas a Dios.

Para contrarrestar ese formidable ataque contra la familia los padres necesitan estar alertas y vigilantes, con intención de estar al tanto, comprometidos. Todo eso tiene que comenzar desde temprano, en esos primeros años en que los padres y las madres cuentan con la atención y el respeto de los chicos. Ese es el momento de echar los cimientos de lo que está bien y lo que está mal, de lo permisible y de lo que no lo es. Tienen que mostrarles su amor al estar dispuestos a disciplinarlos. No siempre es sencillo, pero hay que estar atentos y firmes. Deb y yo hemos sido bendecidos con cinco hijos *grandiosos*. Pero incluso los pequeños, con mejor conducta, necesitan formar con firmeza su sentido de lo que está bien y lo que está mal. Eso significa que habrá ciertas cosas que otros niños hagan, que los tuyos no podrán hacer. Lugares a los que no irán, aunque todos los demás sí vayan.

Equilibrarás todo eso con lo que sí puedan hacer. Dales de tu tiempo. Para los hijos, amor se escribe con otras letras: T-I-E-M-P-O. Eso no significa «tiempo de calidad». Todo eso es un mito. La *cantidad* de tiempo es en realidad lo que más importa, incluso si no estás haciendo nada importante o divertido cuando están juntos. No es tan difícil como pensamos. Llévalos contigo cuando vayas de compras o a hacer trámites. Diviértete con ellos trabajando juntos. Planifica paseos. Las películas, los conciertos, el teatro, son todas cosas lindas pero también debes exponerlos a la naturaleza. Vayan a caminar. Jueguen al béisbol. Vayan a pescar. Extiende una manta sobre la hierba en una noche de verano y pasen una hora más o menos mirando la bendición que derrama sobre tu hogar ese cielo lleno de estrellas.

Desde su más temprana edad, enséñales la naturaleza de Dios que refleja su creación. Enséñales a amarla. Guíalos para que entiendan que las mejores cosas de la vida son gratis. No se pueden comprar los paisajes espectaculares de las montañas, de los atardeceres multicolores, de las nubes gruesas y espesas, de las bandadas de aves que migran, de un campo de flores salpicado por mariposas que revolotean. Si esas cosas les parecen tontería a los niños de hoy (y también a los adultos) es porque permitimos que la sobreestimulación del mundo y la cultura adormezca nuestra sensibilidad a las maravillas naturales y cotidianas que son, de veras, espectaculares.

En nuestra cultura mundana, de valores que están patas arriba, la creación de Dios les parece a muchas personas el lugar perfecto al que pueden escapar unos días antes de volver al mundo *real,* donde está la acción verdadera. Es el tipo de perspectiva que nos hace pensar en cuál es nuestra tarea como esposos y padres. Tenemos que hacer que para nuestros hijos el mundo de Dios sea el que es real. Mostrarles que lo que viene de él es la verdadera realidad. Y no hablo tan solo de la naturaleza. Hablo de valores morales, integridad, amor sin egoísmos, respeto a los demás, una vida dispuesta al sacrificio, al compromiso con Dios y su verdad. Ese es el tipo de bendición familiar que quieres dejar como legado a tus hijos.

En resumen: tenemos que educar a nuestros hijos. Y eso, sumado a lo que hagan las escuelas e iglesias. Busca hacer que tu amor por ellos y por Dios sea visible y real, no solo enseñándolo sino viviéndolo, de manera que lo absorban. Haz más que hablarles de ello a tus hijos, mostrándoles cómo es vivir en santidad.

Las familias que logran aprender eso encuentran la bendición de la gracia de Dios en sus hogares. Su hogar será el santuario de reposo y renovación, un refugio de paz en donde los sonidos de la risa y la alegría llenan los espacios, donde el amor y la aceptación incondicional del otro es la regla.

Es esa la bendición que pido en oración, para ti y tu familia.

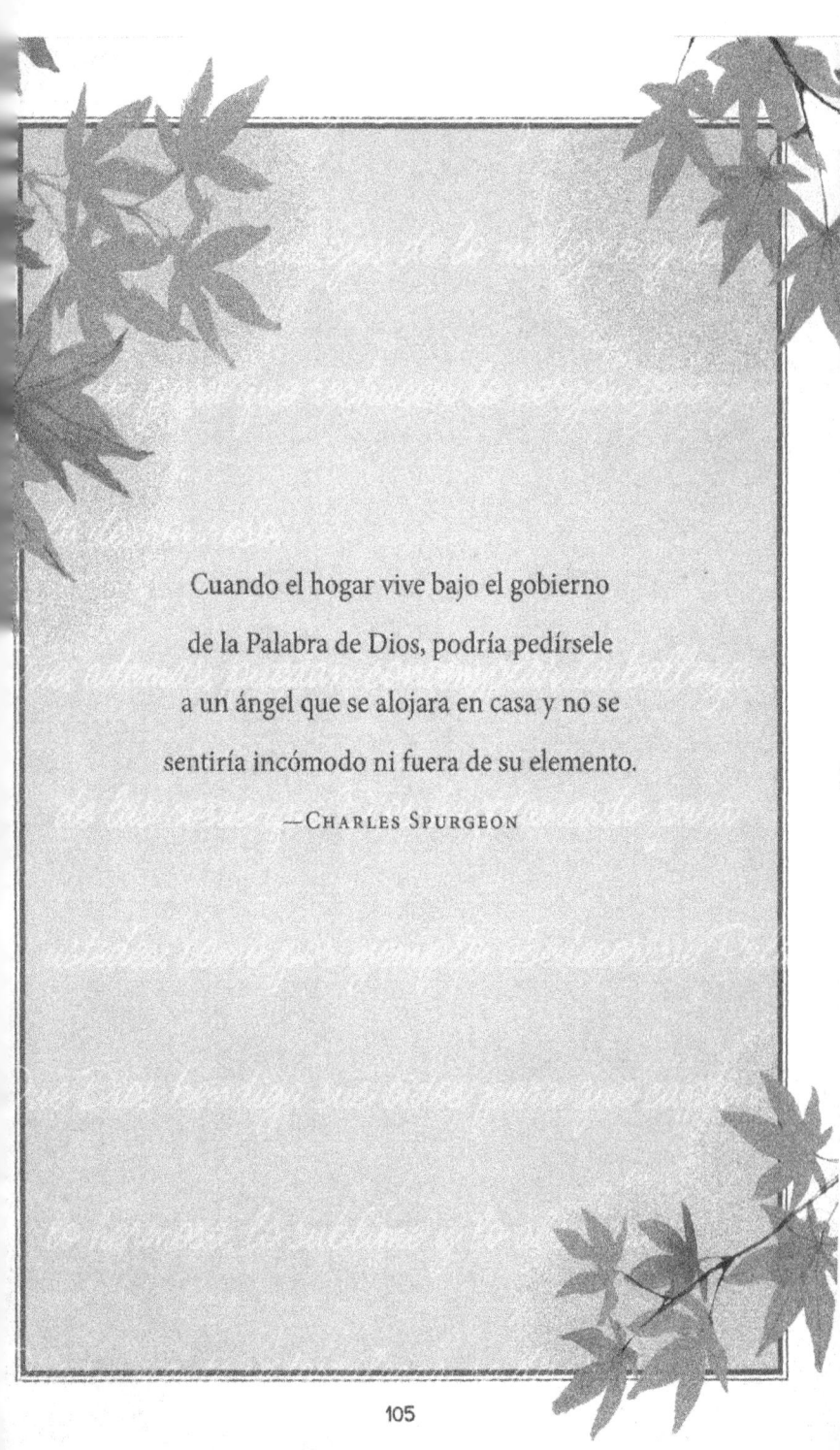

Cuando el hogar vive bajo el gobierno
de la Palabra de Dios, podría pedírsele
a un ángel que se alojara en casa y no se
sentiría incómodo ni fuera de su elemento.

—Charles Spurgeon

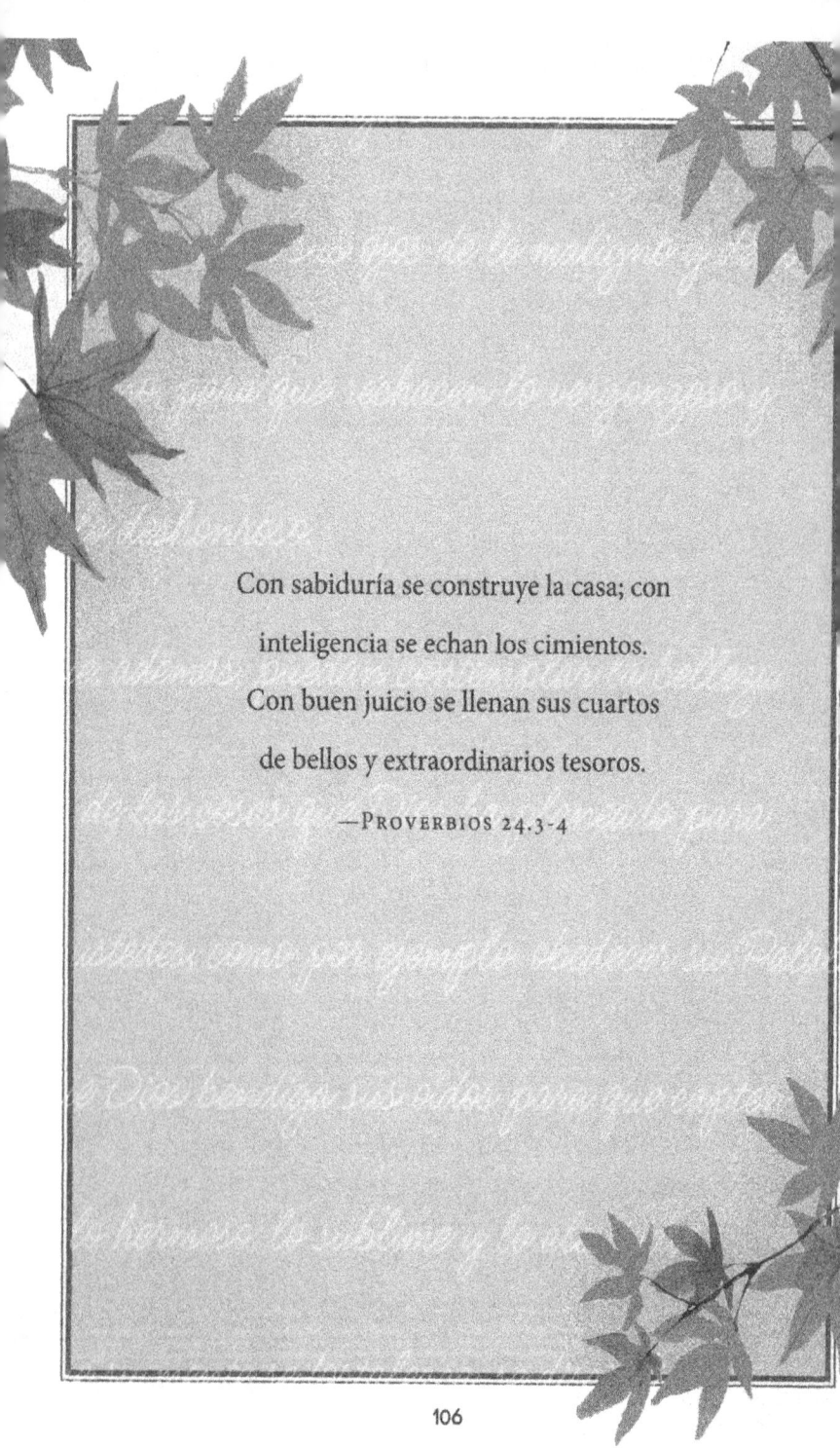

Con sabiduría se construye la casa; con
inteligencia se echan los cimientos.
Con buen juicio se llenan sus cuartos
de bellos y extraordinarios tesoros.

—Proverbios 24.3-4

PARA REFLEXIONAR Y ACTUAR

¿DE QUÉ MANERA PRÁCTICA PODRÍAS MEJORAR LA FORMA EN QUE TRATAS A CADA UNO DE TUS FAMILIARES ESTA SEMANA? ¿CÓMO PUEDES HACERLE SABER A CADA UNO DE LOS DE TU FAMILIA QUE SON UNA BENDICIÓN?

....

....

....

....

....

....

....

....

....

....

....

....

CAPÍTULO 6

ORACIÓN POR... LA VICTORIA ESPIRITUAL

Que Dios te dé la fuerza espiritual que

vence al maligno y evita la tentación.

Que la gracia de Dios esté sobre ti

para que se cumplan tus sueños y visiones.

Que la bondad y la misericordia

te sigan, todos los días de tu larga vida.

¡Pero gracias a Dios, que nos da la victoria

por medio de nuestro Señor Jesucristo!

—1 Corintios 15.57

*C*reo firmemente en el poder de las palabras para bendecir a las personas. Como ya dije, no es porque haya magia en las palabras. Es por su poder para transmitir que las amas y te interesas por ellas.

No estaría diciéndote toda la verdad, sin embargo, si te dejara con la impresión de que las palabras solamente serán siempre lo más adecuado. Porque hay un tiempo para las palabras, y otro tiempo para la acción. Como nos dice Santiago: «Supongamos que un hermano o una hermana no tienen con qué vestirse y carecen del alimento diario, y uno de ustedes les dice: "Que les vaya bien; abríguense y coman hasta saciarse", pero no les da lo necesario para el cuerpo. ¿De qué servirá eso?» (Santiago 2.15-16).

El. apóstol Pablo nos dijo que nos formemos el hábito de dar ánimo y aliento a los demás (1 Tesalonicenses 5.11). Es una forma de bendecir a las personas con quienes nos cruzamos, aunque no las conozcamos ni sepamos qué necesitan. Santiago, por otra parte, está diciendo: «No recurras a las meras palabras de aliento cuando encuentres a alguien que tiene una necesidad visible de que lo ayuden con acciones». Nos advierte en contra de ser nada más que habladores cuando es evidente que lo que hace falta es la acción.

Bendecir con palabras debiera ser nuestra política en el trato con todas las personas en general. Y bendecirlas con acciones se aplica específicamente a esas necesidades tangibles que Dios pone delante de nuestros ojos.

Todos hemos vivido la experiencia de ver una necesidad y sentir que el corazón se nos derrite, como si Dios mismo nos estuviera diciendo: «Hazlo por mí». Podría tratarse de un vecino anciano que vive frente a tu casa y que necesita ayuda con su jardín, o de un niño que está del otro lado del mundo y que necesita padrinos, por medio de una organización como Compassion International. Cuando vemos una necesidad real que podemos satisfacer personalmente, es cuando las palabras solas no bastan, como señala Santiago.

Jesús nos enseñó que las necesidades del prójimo siempre son responsabilidad nuestra: «¿Y quién es mi prójimo?», le preguntaron los fariseos. Ante esa pregunta, Jesús les respondió con la parábola del buen samaritano, la que muestra que mi prójimo es cualquier persona con la que me cruce, que tenga una necesidad que yo puedo satisfacer (Lucas 10.27-37). Eso se refiere a tu familia, todo el tiempo. Se refiere a tus amigos, tus compañeros de trabajo y a otros creyentes, cuando veas que en sus vidas hay necesidad. Más que eso, como nos muestra la parábola de Jesús, tu prójimo puede ser cualquier persona con la que te cruces y que necesite algo que tú puedas solucionar. Tienes el poder de bendecir a esas personas, de palabra y mediante la acción, al prestarle tus manos a Dios para satisfacer su necesidad.

Hace más o menos un año estaba yo fuera de casa haciendo diligencias un domingo por la tarde. Pasé junto a un hombre de mediana edad que estaba sentado a un lado, en la calle. Tenía la ropa sucia y la expresión de su rostro mostraba que su corazón cargaba con un peso enorme. Sostenía un cartel con un pedido de comida. Sentí que tenía que ayudarlo, así que me detuve en un local de comidas rápidas y pedí algo de comer. Cuando estacioné el auto y me acerqué a él, el hombre me miró muy sorprendido. Le di la comida que había pedido y me senté a conversar con él un rato. Me dijo que se había pasado la mañana sentado cerca de la entrada de una iglesia. Con palabras cargadas de amargura me explicó que ninguna de las personas que habían salido de la iglesia le había echado una mirada siquiera. Me dolió el corazón y le ofrecí una disculpa.

Ese hombre no sabía quién era yo y yo tampoco lo conocía. Estoy seguro de que la comida que le ofrecí no iba a solucionar todos sus problemas. Sin embargo, le conmovió el simple hecho de que alguien le mostrara compasión dándole comida y algo de aliento. Nadie había sido amable con él, desde hacía mucho tiempo. Comió y luego me dio las gracias cuando me alejaba.

DESEAR UNA BENDICIÓN

*H*emos pasado casi todo el trayecto de este libro hablando de que los seguidores de Cristo no deben centrarse en sí mismos sino en bendecir a los demás. Y te he mostrado que bendecir a otros tiene un resultado inevitable: la bendición para nosotros. Dios nos bendice en proporción a qué tanto abrimos las manos para recibir su bendición y a qué tanto las mantenemos abiertas para pasar su bendición a quienes la necesiten.

Quiero asegurarte que no es malo que desees bendición para ti. ¿Recuerdas a Jacob? Llegó a luchar con Dios por una bendición personal. Y la obtuvo (Génesis 32.24-30).

Dios quiere bendecirte, tanto como tú quieres que él te bendiga. Digamos la verdad: todos necesitamos bendición. En este mundo caído, el dolor y la necesidad son parte del paquete de la vida. Pero también forma parte de la intención de Dios darnos

sueños y aspiraciones que queremos concretar.
Naturalmente queremos que la bendición de Dios nos
ayude a atravesar los momentos difíciles, a concretar
esos sueños.

¿QUÉ SIGNIFICA PARA TI LA FRASE «DIOS QUIERE BENDECIRTE TANTO COMO TÚ QUIERES LA BENDICIÓN»? ¿VA EN CONTRA DE LA IDEA QUE TIENES SOBRE EL CARÁCTER DE DIOS? ¿POR QUÉ? ¿EN QUÉ MEDIDA AFECTA TU CONCEPTO DE DIOS LAS BENDICIONES QUE RECIBES A DIARIO?

....

....

....

....

....

....

....

....

....

....

....

....

*E*n oración pido que Dios te bendiga, concretando tus sueños. Y al mismo tiempo, pido en oración que tus sueños sean mucho más que el éxito profesional, la riqueza o el placer. Espero que seas receptivo a las bendiciones de Dios al soñar con lo que Dios tiene para ti. Él es quien te creó, como ser único, diferente a cualquier otra persona que haya creado, con atributos y capacidades únicas. Te hizo así porque tiene una función que debes cumplir mejor que cualquier otra persona del planeta. Quiere bendecirte, poniéndote en el lugar en donde puedas cumplirla. Eso significa que cuando oramos pidiendo la bendición de Dios, estamos orando para que Dios nos ponga allí donde quiere que estemos, haciendo lo que tenía planeado que hiciéramos. Si obramos en contra de la intención de Dios, estaremos obrando en contra de la bendición que nos quiere dar. Si un pez soñara con volar por las nubes como un águila, estoy seguro de que Dios no bendeciría ese sueño. Porque no equipó al pez para que volara. Nuestros sueños tienen que condecirse con el propósito que Dios tiene para nuestras vidas.

A veces no logramos ver con claridad inmediata el propósito de Dios. Hay mucha gente que vive frustrada porque no logra encontrar el lugar en donde podrían encajar. ¿Cómo hallamos ese lugar? En ocasiones, se ve claramente en nuestros talentos y deseos. La primera vez que me senté ante un piano algo hizo «clic» en mi alma y supe que había nacido para eso. Pero en el caso de muchas personas, el camino no se ve con claridad; como si hubiera niebla. Puede ser por distintas razones. Creo que hay muchos que sin querer sepultan la intención de Dios para sus vidas bajo ambiciones que van tomando de lo que la cultura del mundo les indica. En una sociedad tan orientada al dinero y al triunfo, resulta fácil que las ambiciones de la persona vayan tras el concepto popular del éxito. Por lo que se perderá la vida más feliz y plena que Dios quiere darle.

Si el camino a esa vida más feliz y plena no se ve con claridad, podrás avanzar en positivo para hallarlo.

Podrás orar pidiendo que Dios te guíe y sintonizar tu espíritu para oír la respuesta, pasando tiempo en la Palabra de Dios y meditando en ella en silencio. Podrás buscar consejo por parte de mentores cristianos en quienes confíes. O de amigos comprometidos que te conozcan y que quieran tu bien con sinceridad. Ellos pueden ver cosas que tú no llegas a ver del todo.

Cuando pides la bendición de que se cumplan tus sueños, es importante que tú y Dios estén en la misma página. Si te dio aletas, te frustrarás al soñar con algo que requiera alas. No todos los que miden más de 1,90 metros tienen que soñar con ser jugadores de baloncesto, ni todos los que midan menos de 1,60 han de soñar con ser jockeys de caballos de carrera. Para vivir en verdadera bendición tienes que fijar la mirada en aquello con lo que Dios te equipó.

Tal vez pienses: «Yo siempre quise ser médico. ¿Qué pasa si Dios quiere que sea contador? Odio los números. ¿No quiere Dios que sea feliz en mi vida cristiana? ¿Cómo puede darme alegría algo que detesto?».

Bueno, no creo que Dios te pida que hagas algo que de veras detestas. Es probable que haya puesto en tu corazón el deseo de aquello que tiene pensado para ti. A veces el deseo podrá estar sepultado y tendrás que excavar, y quitarle de encima todos esos otros deseos que estuviste apilando. Allí es donde entran en juego la oración y el consejo.

Creo que podemos decir sin equivocarnos que jamás vas a encontrar alegría y gozo en el hecho de convertirte en algo que Dios no tenía pensado para ti. Solo hallarás alegría y gozo al ser todo lo que él quiere en tu vida. El apóstol Pablo nos da la clave en Romanos 8.28 (NVI): «Ahora bien, sabemos que Dios dispone todas las cosas para el bien de quienes lo aman, los que han sido llamados *de acuerdo con su propósito*» (las letras en cursiva las destaqué yo). Dios tiene un propósito para ti y te llama a cumplirlo. Si no oyes ese llamado, la forma en que puedes recibir la bendición prometida es limpiando tu mente de todo el lío que causan tus propios deseos. Luego ora, busca consejo y escucha, hasta que puedas ver con claridad cuál es la voluntad de Dios.

¿QUÉ SUEÑOS TE HA DADO DIOS QUE YA SE HAN CUMPLIDO? ¿QUÉ SUEÑOS PLANTÓ DIOS EN TU CORAZÓN, QUE TODAVÍA ESPERAN CUMPLIRSE? ¿CÓMO PUEDES SUJETAR TODOS TUS SUEÑOS A AQUEL QUE QUIERE CUMPLIRLOS? (EXPRÉSALO EN TÉRMINOS PRÁCTICOS, TANTO COMO TE SEA POSIBLE.)

....

....

....

....

....

....

....

....

....

....

....

....

....

*N*o presumo de conocer el propósito de Dios para tu vida. Quizá te haya dado talentos que te llamen al ministerio, o a alguna profesión u oficio en particular. Pero dondequiera que Dios te ponga, de algo sí estoy seguro: Él quiere bendecirte. Y quiere que bendigas a otras personas con esos dones que él te da. Es la única forma en que podrán cumplirse tus sueños, tu visión.

Sujétate a la voluntad de Dios sometiéndote a ella y podrás tener la seguridad de que la bondad y la misericordia te seguirán todos los días de tu vida, y habitarás en la casa del Señor para siempre.

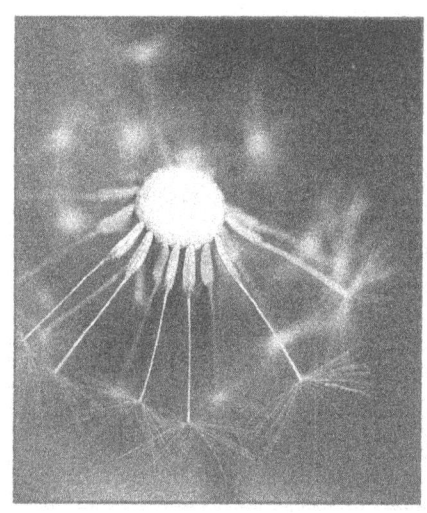

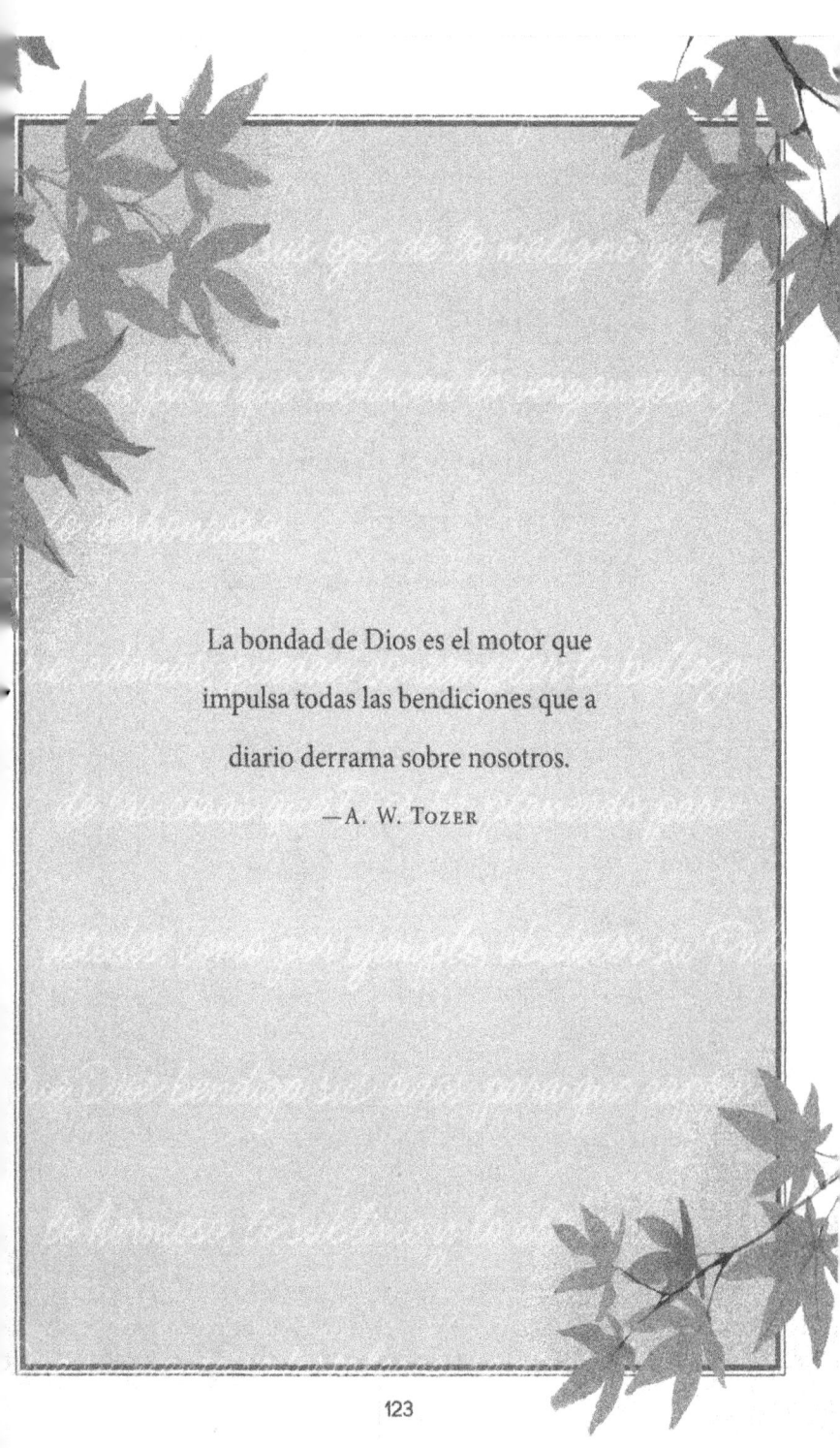

La bondad de Dios es el motor que
impulsa todas las bendiciones que a
diario derrama sobre nosotros.

—A. W. TOZER

Bendito serás en la ciudad, y

bendito en el campo.

Benditos serán el fruto de tu vientre,

tus cosechas, las crías de tu ganado,

los terneritos de tus manadas y

los corderitos de tus rebaños.

Benditas serán tu canasta y

tu mesa de amasar.

Bendito serás en el hogar, y

bendito en el camino.

—DEUTERONOMIO 28.3-6, NVI

PARA REFLEXIONAR Y ACTUAR

¿EN QUÉ ASPECTOS PUEDES HACER QUE TU VIDA SEA EJEMPLO DE LA FRASE «BENDITO PARA BENDECIR»? ¿EN QUÉ COSAS, ESPECÍFICAMENTE, PUEDES USAR LAS BENDICIONES QUE HOY DISFRUTAS PARA BENDECIR A OTRAS PERSONAS?

....

....

....

....

....

....

....

....

....

....

....

....

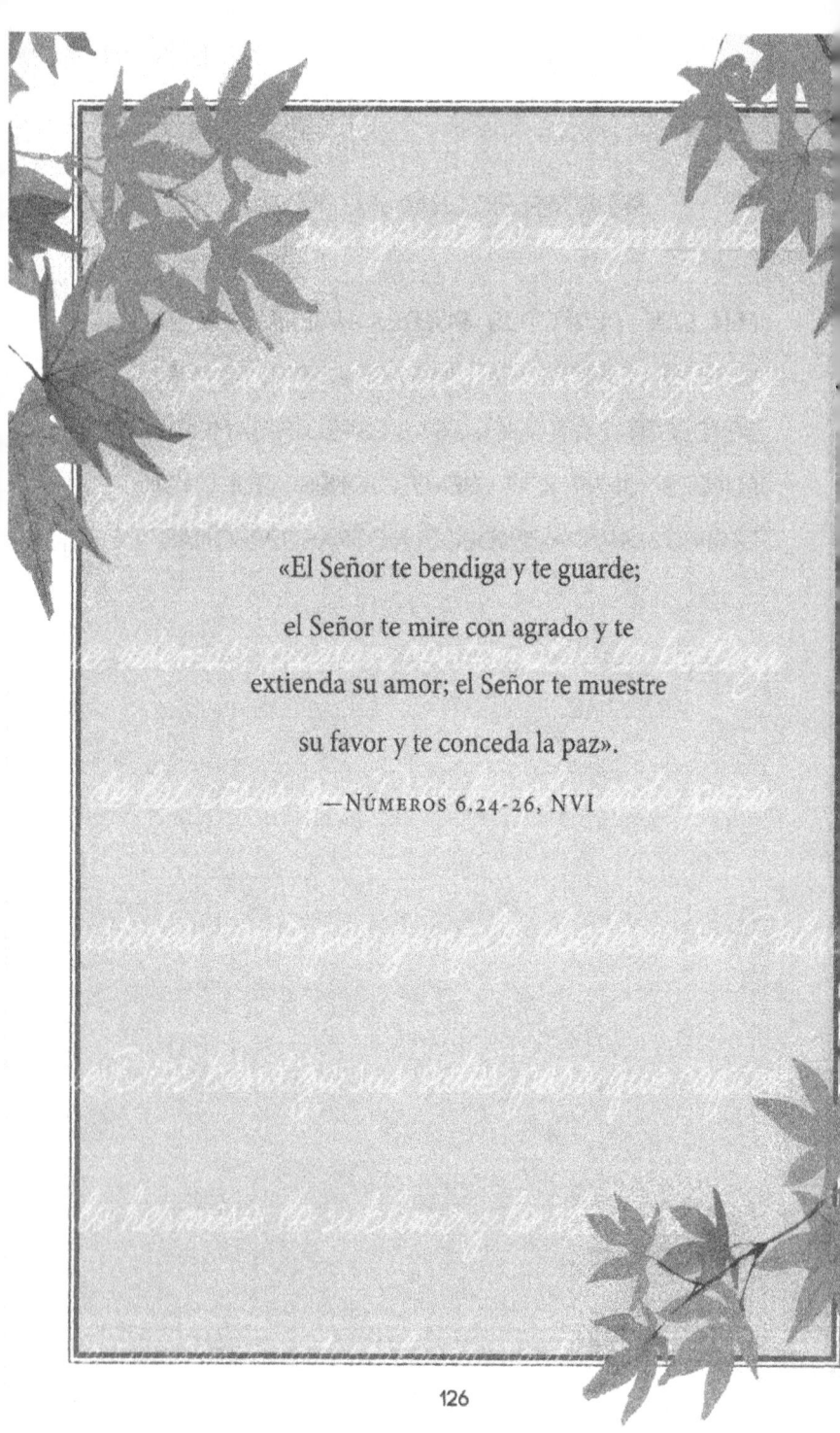

«El Señor te bendiga y te guarde;

el Señor te mire con agrado y te

extienda su amor; el Señor te muestre

su favor y te conceda la paz».

—Números 6.24-26, NVI

ACERCA DEL AUTOR

*A*demás de haber sido galardonado con varios premios Grammy y Dove, Michael W. Smith ha grabado más de veinticinco álbumes. Michael tiene muchas canciones famosas en el mercado general y también en el ámbito cristiano. Participa además en obras misioneras, en el país y el mundo entero. Es fundador de Rocketown, una misión de alcance para adolescentes, con sede en Nashville, Tennessee, que se desarrolla en un área de doce mil metros cuadrados. Ha escrito varios libros que son éxitos de venta, como *Old Enough to know* [Suficiente edad para saberlo] y *Friends are friends forever* [Amigos por siempre]. Él y su esposa Debbie tienen cinco hijos y viven en Nashville.

www.ingramcontent.com/pod-product-compliance
Lightning Source LLC
Chambersburg PA
CBHW061203201225
36556CB00003B/31